Oswald Heer

Fossile Flora von Alaska

Oswald Heer

Fossile Flora von Alaska

ISBN/EAN: 9783743411869

Hergestellt in Europa, USA, Kanada, Australien, Japan

Cover: Foto ©Andreas Hilbeck / pixelio.de

Manufactured and distributed by brebook publishing software (www.brebook.com)

Oswald Heer

Fossile Flora von Alaska

FLORA FOSSILIS ALASKANA.

FOSSILE FLORA VON ALASKA.

VON

OSWALD HEER

MIT 10 TAFELN

AN DER KÖNIGL. SCHWED. AKADEMIE D. WISSENSCH. EINGEREICHT D. 28 FEBR. 1869.

———

STOCKHOLM, 1869.
P. A. NORSTEDT & SÖNER.
KONGL. BOKTRYCKARE.

I. ALLGEMEINE BEMERKUNGEN.

Es sind schon vor mehreren Jahren einige fossilen Pflanzen von den Nordwestküsten Amerikas (welche vor kurzem unter dem Namen "Alaska territory" den vereinigten Staaten einverleibt wurden) durch den Oberst-Lieutenant Doroshin nach Europa gekommen. Es hat darüber Hr Prof. Goeppert einen kurzen Bericht*) gegeben, doch sind dieselben bis jetzt noch nirgends beschrieben und abgebildet worden. Eine viel reichere Sammlung veranstaltete Herr Bergmeister HJALMAR FURUHJELM aus Helsingfors in Finland, welcher neun Jahre lang in jener Gegend lebte und eine genaue Untersuchung der dortigen Braunkohlen und der sie begleitenden Gesteine ausführte. Leider ging der grösste Theil dieser wichtigen Sammlung auf der Heimreise verloren, indem das amerikanische Dampfschiff an der mexicanischen Küste strandete. Eine kleinere Sammlung kam indessen nach Helsingfors. Diese wurde mir durch Vermittlung des Herrn Prof. Nordenskiöld zur Untersuchung übersendet, und ihr Inhalt bildet die Grundlage der vorliegenden Arbeit.

Die Pflanzenversteinerungen wurden von Herrn Furuhjelm theils auf der kleinen Insel Kuju im indianischen Archipel, in der Nähe von Sitka, gesammelt, theils aber an der Cooks Einfahrt gegenüber der Halbinsel Aljaska.

Auf der Insel Kuju tritt nach Furuhjelm unter einer cirka 15 Fuss mächtigen Schicht von Humus und Torf (1.) ein grobkörniges Conglomerat auf (2.), darunter ein grobkörniger Sandstein, (3.) dann ein grauschwarzer schiefriger Thon mit Pflanzen (5.), und zwischen zwei solchen Thonlagern ein Braunkohlenflötz von $\frac{1}{2}$ bis 7'$\frac{1}{2}$ Fuss Mächtigkeit (6.) und darunter ein Sandstein, der auch Pflanzenabdrücke enthält (4.). Dieser ganze Schichtencomplex liegt nicht horizontal, sondern fällt landeinwärts ein; auf demselben liegen erratische Blöcke, die aus Granit bestehen (7.). Zur Fluthzeit ist derselbe unter Wasser und bis 12 und 14 Fuss hoch von demselben bedeckt, daher nur zur Ebbezeit zugänglich.

Die hier folgende Figur giebt uns ein deutliches Bild der Lagerungverhältnisse dieser Braunkohlen.

*) In den Abhandlungen der Schlesischen Gesellschaft für vaterländische Kultur. 1864. II. p. 204 und 1867. p. 50. Herr Goeppert führt folgende Arten auf: Salix Wimmeriana, S. varians, S. integra, Alnus pseudoglutinosa, Phragmites oeningensis, Taxodium dubium, Sequoia Langsdorfii, Juglans acuminata, Populus balsamoides, P. eximia und Osmunda Doroschkiana Goepp.

Nach einer Untersuchung des Dr. F. A. Genth*) enthält die Kohle von Sitka:

Wasser	15,725	pr. C.
Flüchtige Bestandtheile	35,168	»
Kohle	45,772	»
Asche	3,335	»
	100	pr. C.

Die Kohle enthält nur 0,18 pr. C. Schwefel. Die Asche hat eine gelblich braune Farbe, ist eisenhaltig und reagirt alkalisch.

Die Pflanzen des grauschwarzen Schiefers gehören, soweit sich dieses aus den wenig zahlreichen Stücken der Sammlung beurtheilen lässt, grossentheils zu den Nadelhölzern (zu Sequoia Langsdorfii und Glyptostrobus), doch findet sich dabei auch ein Farnkraut (Pteris Sitkensis) und ein Fetzen eines Laubblattes, das wahrscheinlich zu Castanea Ungeri gehört. Aus dem Sandstein ist mir nur ein Haselblatt (Corylus Mac Quarrii) bekannt geworden.

Die meisten Versteinerungen, welche Furuhjelm heimgebracht hat, kommen von der Ostseite der Cooks Einfahrt. Sie sind von zwei verschiedenen Stellen derselben. Die eine ist am nördlichen Ufer der englischen Bucht an der äussersten Nordwestseite der Halbinsel Tschugotsk und liegt bei 59° 21′ n. Br. und 151° 52′ w. Long. von Greenw.; die andere ist weiter nördlich bei cirka 60° 9′ n. Br., an dem kleinen Flüsschen Neniltschik.

In der englischen Bucht sind die Pflanzen in einem hellgrauen Mergel, der sehr spröde und hart ist und sehr unregelmässig nach allen Richtungen spaltet. Er ist sehr ähnlich dem Kalkmergel, welcher in der Bellingham Bai in british Columbien die miocenen Pflanzen enthält. Die Lagerungsverhältnisse dieses Mergels sind nach Furuhjelm von unten nach oben folgende:

1. Felsitgestein und Grünstein.
2. Conglomerat von Mergel und scharfeckigen Fragmenten von Porphyr und Grünstein.

*) Verhandlungen der K. K. Reichsanstalt in Wien 1868. p. 397.

3. Der harte Mergel mit den vielen Pflanzenabdrücken.
4. Schiefriger Thon.
5. Lichtgrauer, milder Mergel mit Abdrücken von Cyperaceen (Carex servata) und Zweigen.
6. Schiefriger Thon, zum Theil bituminös.
7. Braunkohlen: 9—11 Fuss mächtig.
8. Grauer feinkörniger Sandstein, 5—7 Zoll mächtig.
9. Plastischer Thon.
10. Bläulicher sandiger Thon mit Geröll.
11. Sandstein mit Geröll.
12. Humus und Torf.

Die anstehende Figur veranschaulicht diese Lagerungsverhältnisse.

Die Braunkohle ist eine schwarze Pechkohle mit muschelig glänzendem Bruch und stimmt im Aussehen ganz überein mit der Kohle von Käpfnach, wie mit der von Atanekerdluk und von Disco in Grönland *). In der Kohle und im Hangenden des Flötzes liegen stellenweise honiggelbe Harzkörner, welche ganz wie Bernstein aussehen. Ihr Vorkommen stimmt ganz mit demjenigen von Atanekerdluk und von der Haseninsel überein, wo die Bernsteinkörner auch in die Kohle eingestreut sind. Nach Herrn Furuhjelm sind die kleinen Körner meist klar und durchsichtig, die grossen aber (bis 1 Centimet. Durchmesser) öfter undurchsichtig. Auch auf der Insel Unga und an der Bai Pawlofsky an der Ostküste von Aljaska wird solches bernsteinartiges Harz gefunden.

Die Pflanzen liegen in dem Mergel der dritten Schicht in allen Richtungen durch einander, doch sind sie nicht selten flach ausgebreitet und vorzüglich schön erhalten.

---

*) Diese Kohlenlager sind schon seit bald 100 Jahren bekannt. Die Capitaine Portlock und Dixon haben 1786 diese Gegend besucht und nennen die englische Bucht den "Kohlen Hafen", weil sie dort einen Kohlenflötz entdeckten und von diesem Kohlen an Bord nahmen. Vgl.: A voyage round the world by Nath. Portlock and Dixon; übersetzt von J. R. Forster. Berlin 1790, p. 63. Der Reisebegleiter Dixons sagt von dieser Gegend: die Hügel zunächst dem Ufer sind ganz mit Tannen, Birken, Erlen und mancherlei andern Bäumen und Sträuchern bewachsen, die mehr entfernten Berge aber, deren hohe Gipfel über die Wolken hinausreichen, sind gänzlich mit Schnee bedeckt und haben das Ansehen eines ewigen Winters. Von den Bergen weiter nördlich in Cooks Einfahrt sagt er: Sie sind ewig mit Schnee bedeckt, ausgenommen, wenn der wilde Nordwind ihn von ihren felsigen Spitzen heruntergejagt. Schon bei ihrem Anblick erstarrt das Blut und ihre ungeheure Höhe und Steilheit machen es Menschen und Thieren unmöglich sie zu ersteigen.

Sie bilden eine schwarze oder schwarzbraune Kohlenrinde auf dem hellgrauen Gestein und lassen zuweilen das feinste Geäder erkennen. Marine Pflanzen und Thiere fehlen gänzlich; die häufigste Pflanze ist eine Süsswasserpflanze, eine *Wassernuss* (Trapa borealis), deren Früchte in grosser Menge sich finden. Dazu kommen mehrere Süsswasserthiere, eine Melania, eine Paludina und ein Unio. Es kann daher nicht zweifelhaft sein, es muss dieser harte Mergel im süssen Wasser, wahrscheinlich in einem Süsswassersee, sich gebildet haben, in welchen vom Ufer die Blätter der Bäume geschwemmt wurden, welche im nahen Walde standen. Dieser Wald muss aus sehr mannigfaltigen Bäumen und Sträuchern zusammengesetzt gewesen sein, da wir schon jetzt 14 Arten aus demselben zu erkennen vermögen. Es ist eine Mischung von Nadelholz und Laubholz. Unter den erstern herrschen die Sumpfcypressen und Sequoien vor, unter dem Laubholz die Pappeln, Buchen, Castanien, Eichen und Nussbäume.

Auch in der englischen Bucht sind die pflanzenführenden Mergellager zur Fluthzeit unter Wasser und nur zur Ebbezeit zugänglich. Das Liegende des Kohlenlagers ist nur bei sehr niedriger Ebbe und auch dann nur für eine Stunde trocken gelegt. Die Steine, welche die Pflanzen enthalten, sind daher an der Aussenseite häufig von Bryozoen überzogen, auch Spirillen und Fucoiden haben sich nicht selten an denselben angesiedelt und stellenweise Bohrmuscheln tiefe Löcher in dieselben gegraben.

Weiter nördlich der englischen Bucht greift an der Westseite der Halbinsel Tschugosk ein tiefer Fjord in dieselbe ein und reicht fast bis zu 60° n. Br. Es ist diess die Bai von *Katschkmak*, die auch Bai von Tschugotschick genannt wird, in deren Hintergrund ein Gletscher liegt. Das nördliche Ufer derselben wird von tertiären Ablagerungen gebildet, welche Braunkohlen von einigen Zoll bis mehreren Fuss Mächtigkeit enthalten. Sie liegen an der Nordwestseite bei Kasnatschin unter Wasser, während sie mehr nördlich, längs der Cooks Inlet, 2—3 Faden über der Fluthmarke sich befinden. Hier ist, am Flüsschen *Niniltschik*, die zweite wichtige Lokalität mit fossilen Pflanzen. Es liegen hier die Pflanzen in einem weichen Thon. Er ist grauweiss gefärbt und kann mit dem Messer geschnitten werden. Auch hier kommt ein ziemlich mächtiges Braunkohlenlager vor. Dieses steht an einer Stelle schon seit mehreren Jahren in Brand und es hat das Feuer die weissgraue Masse nun zu einem ziegelrothen Thon gebrannt. Die Substanz der Blätter, welche nach allen Richtungen das Gestein durchziehen und dasselbe erfüllen, ist verschwunden und nur der Abdruck derselben geblieben (Tab. III). Genau dasselbe haben wir in den gebrannten Thonen des Val d'Arno in Toscana. Bei Kamatschin fand FURUHJELM bituminöses Holz, das von Wurmgängen durchzogen ist. Ein ziemlich grosses Stück der Sammlung ist von cylindrischen Gängen durchbohrt, welche in verschiedener Richtung verlaufen. Sie rühren offenbar von Bohrwürmern oder Bohrmuscheln her. Man könnte daher vermuthen, dass das Holz im Meer gelegen, bevor es in den Fels eingebettet wurde, also sogenanntes tertiäres Treibholz sei. Dagegen spricht aber der Umstand, dass die Löcher cylindrisch sind und einen Durchmesser von 6—12 Millim. haben, während das Holz selbst stark zusammengedrückt ist. Wären die Bohrlöcher im frischen Zustande des Holzes gemacht worden, wären sie natürlich später so gut wie das Holz selbst zusammengedrückt worden. Da diess nicht im Geringsten der Fall ist, beweist diess, dass die Löcher nicht zur

Tertiärzeit, sondern viel später entstanden sind und dass die Würmer die zur Fluthzeit unter Meer liegenden Felsen nebst dem darin liegenden Holz angebohrt haben.

Dass der Thon von Neniltschik im süssen Wasser gebildet wurde, geht aus den Teichmuscheln hervor, welche in demselben gefunden werden.

Auch in Neniltschik sind Sumpfcypressen häufig und von Laubblättern die von Haselnuss, Erlen, Weiden, Myrica und Diospyros zu unterscheiden.

Zu diesen Pflanzen des indianischen Archipels und der Cooks Einfahrt kommen noch einige fossile Hölzer, die Herr FURUHJELM auf der Insel Unga gesammelt hat und ein Chondrites, der in einem losen Stein am Ufer der Katschekmak-Bai gefunden wurde. Es lässt sich nicht sagen, ob die Hölzer von Unga von Treibholz herrühren*) oder von Bäumen die dort gewachsen sind; sie haben daher keinen grossen Werth. Herr Prof. GOEPPERT hat ein Holzstück von Unga untersucht und es für den Pinites pannonicus Ung. erklärt, ein Nadelholz, das zur Miocenzeit eine sehr grosse Verbreitung hatte.

Das Gestein, in welchem der Chondrites der Katschekmak-Bai liegt, ist verschieden von dem der übrigen Lokalitäten. Es ist ein lauchgrüner, harter Kalkmergel. Da ähnliche Chondrites-Formen im Trias, Lias und Flysch vorkommen, ist bei einem so unvollständig erhaltenen Stück eine sichere Bestimmung der Formation, zu welcher es gehört, nicht möglich. Jedenfalls gehört diese Pflanze einer ältern Formation an, als die übrigen Pflanzen von Alaska und scheint am meisten zu einer Art des Lias zu stimmen.

Das miocene Alter der Ablagerungen der Insel Kuju wird durch die 3 Nadelhölzer (Sequoia Langsdorfii, Taxodium distichum miocenum und Glyptostrobus europaeus Ungeri) bezeugt, wie ferner durch das Haselblatt (Corylus M'Quarrii), und es ist wahrscheinlich dass sie derselben Zeit angehören, wie die Braunkohlenbildung der Cooks Einfahrt. Das geologische Alter dieser letztern kann nicht zweifelhaft sein. Zunächst haben wir hervorzuheben, dass die Ablagerungen von Neniltschik zu gleicher Zeit gebildet wurden, wie diejenigen der englischen Bucht, obwol das die Pflanzen einschliessende Gestein verschieden ist, denn von den 11 erkennbaren Arten dieser Lokalität finden sich 6 auch dort. Es sind diess: das Taxodium distichum, Sequoia Langsdorfii, Salix varians, Alnus Kefersteinii, Betula prisca und Corylus Mac Quarrii. Es sind diess die häufigsten Pflanzen dieser Fundstätte. Das Taxodium weist auf einen sumpfigen Moorboden und ebenso die Weiden, Erlen und Birken.

Stellen wir die Pflanzen von Neniltschik und der englischen Bucht zusammen, erhalten wir 54 Arten, von diesen sind uns 30 als miocen bekannt. Nehmen wir die Arten der Kuju und Unga Insel noch hierzu, erhalten wir 56 Arten und 31 als miocen nachgewiesen. Folgende Tafel giebt uns die bis jetzt bekannte Verbreitung der letztern Arten:

---

*) Noch jetzt finden sich auf Unga, Unalaschka, Atchcha und andern Inseln grosse Massen von Treibholz. Nach FURUHJELM hat dieses Holz eine graue Farbe und ist sehr zerstossen.

Alaska.	Verbreitung im Miocen Europas;	in Amerika.	in der arctischen Zone.
Taxodium distichum miocenum	Vom untern bis ins oberste Miocen durch ganz Europa.		Grönland, Spitzbergen.
Glyptostrobus europaeus	Ebenso	Mackenzie, Missouri, Birch Bai an der Mündung des Fraser Flusses.	Grönland
Sequoia Langsdorfii	Ebenso	Van Couver, Mackenzie, Missouri	Grönland
Taxites Olriki	—	—	Grönland, Spitzbergen.
Pinites pannonicus Ung. sp.	Schlesien; Samland; Salzhausen; bei Bonn; in Kaernthen. Lagern.		
Liquidambar europaeum	Unteres bis oberes Miocen von Mittelitalien bis Norddeutschland.		Grönland.
Populus latior	Vorzugs. im obern Miocen, doch auch in der Molasse von Lausanne und im Mittelmiocen Oestreichs.		
— glandulifera	Obere und untere Molasse der Schweiz, Rheinische Braunkohlen, Günzburg.		
— balsamoides	In der untern und obern Molasse von Italien bis Norddeutschland.		—
Zaddachi	Im Samland	—	Grönland, Spitzbergen.
— leucophylla	Arnothal, Gleichenberg	Missouri	
Salix varians	Oberes und unteres Miocen	—	Grönland
— macrophylla	Untere Molasse der Schweiz, im Wienerbecken in der Sarmatischen Stufe, Island.	—	
— Lavateri	Unteres u. oberes Miocen der Schweiz, Speybach, Günzburg.	—	
Myrica vindobonensis	Samland, Wien, Koumi		
— banksiaefolia	Unteres Miocen der Schweiz, Italiens und Oestreichs		
Alnus Kefersteinii	Island, Samland, Rixhöft, Oestreich, Unt. Molasse der Schweiz, Obermiöc. Italiens.		Spitzbergen.
Betula prisca	Rhön, Wienerbecken, Bilin, Island		Spitzbergen.
— grandifolia	Wien		
Carpinus grandis	Unteres Miocen der Schweiz und Deutschland.	Fraser Fluss	Grönland.
Corylus M'Quarrii	Unteres Miocen der Schweiz, Ménat, Schottland, Island.	Mackenzie.	Grönland, Spitzbergen.
Fagus Antipofi	Manasque, Kirgisensteppe		
— macrophylla	Gussendorf in Oestreich		Grönland.
Feronia	Bilin, Günzberg		
Castanea Ungeri	Oestreich, Mittel und ober Miocen, Ménat, Turin, Guarene.		
Quercus pseudocastanea	Maltsch in Oberschlesien, Senegaglia		Grönland.
Ulmus plurinervia	Molasse von Lausanne, Unteres und oberes Miocen Deutschlands, Senegaglia.		
Planera Ungeri	Unteres und oberes Miocen durch ganz Europa, Island.	britisch Columb.	Grönland.
Andromeda Grayana	———	ebenso.	—
Diospyros lancifolia	———	ebenso.	—
Juglans acuminata	Unteres und oberes Miocen durch ganz Europa von Mittel-Italien bis Norddeutschland.		Grönland.

Es sind sonach gegen ⅗ der Pflanzenarten Alaskas aus dem Miocen bekannt, daher diese Ablagerungen unzweifelhaft in diese grosse Abtheilung der tertiären Periode gehören. Die Mehrzahl dieser Arten hat im Miocen eine grosse räumliche und zeitliche Verbreitung. Wir finden dieselben im untern wie im obern Miocen, doch sind 8 Arten bis jetzt uns nur aus dem untern Miocen bekannt, während nur eine (Populus leucophylla) bisher in Europa nur in der obern Abtheilung beobachtet wurde. Diess sagt uns, dass die Alaska Flora demselben Zeitabschnitt angehört, wie die miocene Flora von Grönland und Spitzbergen, und wie die Braunkohlen von Ostpreussen und des Niederrheines und die untere Molasse der Schweiz.

Mit der weiter südlich gelegenen miocenen Flora von britisch Columbien*) theilt Alaska vier Arten, von denen zwei (die Andromeda Grayana und Diospyros lancifolia) der europaeischen Flora fehlen; mit den miocenen Ablagerungen des Mackenzie drei Arten und zwar solche Arten, die zugleich auch in Grönland vorkommen. Mit der arctischen Flora hat Alaska 14 (wenn wir eine für jene noch zweifelhafte Art dazu nehmen, 15) Arten gemeinsam; fünf derselben werden noch in Spitzbergen bei 78° nördl. Breite getroffen und 12 bei 70° nördl. Breite in Grönland. Von diesen ist nur eine Art (Taxites Olriki) der arctischen Zone und Alaska eigenthümlich, alle übrigen finden sich auch in der miocenen Flora Europas und sind der Mehrzahl nach bis nach Italien, fünf sogar bis Kumi in Griechenland verbreitet. Zu den wichtigsten Arten ge-

*) Ich habe einige Pflanzen von der Burrard Bucht an der Lea Baj in britisch Columbien in den Denkschriften der Schweiz. Naturf. Gesellsch. von 1867 beschrieben, und Lesquereux solche von der Bellingham Bai. Herr Gabb rechnet alle kohlenführenden Ablagerungen dieser Gegend zur Kreide, während Dr. Newberry annimmt, dass dort miocene und Kreide-Ablagerungen vorkommen, aber für unentschieden hält ob die von mir und Lesquereux beschriebenen Pflanzen zur Kreide oder ins Miocen gehören. Dass sie miocen sind zeigen aber auch die mit Alaska gemeinsamen Arten. — Nach Newberry (cf. seine Notes on the later extinct Floras of North America, in den Annals of the Lyceum of Natur. History of Newyork IX. p. 5.) sollen die Kohlenlager von Van Couver zur Kreide gehören, indem über denselben eine Ablagerung mit Kreide-Mollusken vorkomme. Mir ist von Van Couver nur ein Nadelholz zugekommen, das ich in obiger Abhandlung als Sequoia Langsdorfii beschrieben habe, welches aber Newberry zu seinem Taxodium cuneatum rechnet, das nach seiner Angabe durch die kürzern, mehr schaufelförmigen und am Grunde mehr verschmälerten Blätter sich unterscheide. Ein Blick auf Fig. 3. Taf. I meiner Abhandlung zeigt aber, dass bei diesem Zweige die Blätter keineswegs kürzer sind als bei S. Langsdorfii, sondern sie gegentheils zu den langen, grossen Formen gehören, wogegen sie allerdings am Grund mehr verschmälert sind, als dies in der Regel bei S. Langsdorfii der Fall ist, Fig. 1 dagegen stimmt in Grösse und Verschmälerung der Blätter zu den gewöhnlichen Formen von S. Langsdorfii, daher diese Stücke in der That zu dieser Art zu gehören scheinen. Da die Blätter viel steifer sind als bei Taxodium und am Grund etwas am Ast herablaufen, können sie nicht zu Taxodium gehören. — Möglicherweise können aber die mir vorgelegenen Stücke von Van Couver von einer andern Stelle sein, als die von Newberry untersuchten. Was für eine Pflanze indessen Newberry unter Sequoia Langsdorfii versteht ist mir zweifelhaft, da er in seiner Abhandlung keine Abbildungen giebt, ohne welche eine genauere Bestimmung und Vergleichung nicht möglich ist. Wenn er sie für ein Taxodium hält, nahe verwandt mit Taxodium distichum, kann es nicht unsere Pflanze sein, von der ich nachgewiesen habe, dass sie unzweifelhaft zu Sequoia gehört (cf. meine Flora fossilis arctica p. 91, und miocene baltische Flora p. 51).

Im Uebrigen muss ich gestehen, dass mir die Angaben über die Kreideformation von Van Couver, Oregon und Nebraska noch immer unverständlich geblieben sind. Wenn wir bedenken, dass in Nordgrönland bei $70\frac{2}{3}°$ n. Br. eine Kreide-Flora vorkommt, die eine nahe Verwandschaft zu der europaeischen zeigt und Pflanzentypen enthält, die jetzt nur in der warmen Zone getroffen werden, muss es uns gewiss auffallen, dass in Nebraska und Van Couver eine Kreide-Flora geblüht haben soll, die im wesentlichen denselben Charakter hat, wie die jetzt dort lebende Pflanzenwelt. Es ist dies uns so auffallender, da die miocene Flora von Alaska und von Mackenzie uns zeigt, dass noch zur Miocenzeit der Norden Amerikas ein viel wärmeres Klima gehabt haben muss als gegenwärtig. Wir thun daher wohl vor der Hand am besten, wenn wir diese Pflanzen Nebraskas bei unsern allgemeinen Schlüssen noch bei Seite lassen und neue Aufklärungen über diese noch so räthselhaften Erscheinungen abwarten.

hören die Sumpfcypresse (Taxodium), der Glyptostrobus, die Sequoia Langsdorfii, die Erle, die Haselnuss, die Castanie, der Nussbaum (Juglans acuminata) und die Planera Ungeri. Auffallend ist dass die zwei in der arctischen Zone so allgemein verbreiteten Pappelarten (Populus arctica und P. Richardsoni), welche doch noch am Mackenzie erscheinen, nicht unter den Pflanzen Alaskas sind. Die Pappeln sind da zwar ebenso häufig, wie in Grönland, aber nur die Populus Zaddachi, die in Samland so recht zu Hause ist, stellt eine gemeinsame Art dar; die übrigen Pappeln Alaskas sind bis jetzt noch nicht in der Polarzone und ebenso wenig an den Ostseeküsten Deutschlands gefunden worden, wohl aber in der Schweiz, zum Theil auch in Oberitalien, Oestreich und Schlesien. Ähnlich verhalten sich die Eichen Alaskas; sie sind sämmtlich verschieden von denen der arctischen Zone; eine aber (Q. pseudocastanea) findet sich auch in Deutschland und Italien.

Mit der untern Molasse der Schweiz theilt Alaska 17 Arten, mit der baltischen Flora 9. Sehr beachtenswerth ist, dass drei Arten Alaskas (nemlich Juglans acuminata, Alnus Kefersteinii und das Taxodium) in Kamtschaka*) und vier (das Taxodium, die Sequoia, Carpinus grandis und Fagus Antipofi) in der Kirgisensteppe, östlich von Kasan, entdeckt worden sind. Es lässt diess vermuthen, dass zur miocenen Zeit Asien und Amerika in diesen Breiten durch Festland verbunden waren. Diese Vermuthung wird durch die Thatsache unterstützt, dass die miocenen Pflanzen im süssen Wasser, wahrscheinlich in einem See abgelagert wurden; während die sie umschliessenden Felsen jetzt zur Fluthzeit unter Wasser stehen und Pflanzen und Thiere des Meeres an ihnen sich angesiedelt haben, finden wir in ihrem Innern Pflanzen und Thiere des süssen Wassers. Diess lässt sich nicht bezweifeln, dass zur miocenen Zeit das Land hier höher gewesen und später gesunken sei. Das Bering Meer ist als sehr seicht bekannt, was auch durch die neuesten Sondierungen von Capitain Scammon bestätigt wird. Die Schiffe finden überall Ankergrund und zwischen 64 und 66° n. Br. soll die mittlere Tiefe kaum unter 19½ Faden gehen**). Die zahlreichen Inseln zwischen Alaska und Kamtschaka, die unter dem Namen der Aleuten bekannt sind, sind wohl die Ueberreste dieses eingesunkenen Landes und die mächtigen Vulcane, welche zum Theil jetzt noch in Kamtschaka und an der Cooks Einfahrt thätig sind, könnten gar wohl mit jener Erscheinung in Beziehung stehen. Es sind miocene Ablagerungen über alle diese Gegenden verbreitet. Nach Furchheim finden sich solche nicht allein an den von uns früher besprochenen Stellen, sondern auch auf den Inseln Afagnak, Kodjak (in der Igotsbai und Ugonak), Unga (Sochorow Bai), Akun, Tigalda, Unalaschka, Unmak (Talika Bai), Atcha.

*) Vgl. Goeppert in den Verhandlungen der Schlesisch. Gesellschaft 1867, p. 54. Es wurden diese Pflanzen schon 1829 von Hr Ed. Ermann bei circa 58° n. Br. an den Ufern und der Mündung des Tigils gesammelt. Vgl. Ermann's Reise um die Erde, Berlin 1848. III. p. 149 und 212. Es liegen nach Ermann die Pflanzenreste in grossen Massen in einem harten Sphaerosiderit: die Laubblätter seien vorherrschend, ihre Erkennung werde aber erschwert, weil sie in erstaunlicher Menge über einander liegen. Bei den Blättern findet sich eine Anodonta, ähnlich der A. Besseri Phil. aus dem Tigris. Diese miocene Formation hat an der Westküste von Kamtschatka eine bedeutende Ausdehnung, indem nach Pallas noch bis etwa 63° n. Br. an der Mündung der Tabaroka Abdrücke von allerlei Baumblättern in thonigen und mergeligen Schiefern gefunden wurden. In der Braunkohle tritt auch hier der Bernstein auf, der in grössern oder kleinern Körnern nicht selten sei.

**) Vgl. Fred. Whymper. Travel and Adventure in the territory of Alaska, p. 37.

Amtschitka (Kirilow Bai), St. Paul; an beiden Küsten der Halbinsel Alaska (in den Buchten von Paulovskoja, Sachorovskoja, Maller, Ischignik und Katmoi), im Norton Sund beim Indianer Dorf Unalaklit (hier mit Braunkohlen), weiter nach Süden treten im indianischen Archipel, wie wir früher gesehen haben auf der Insel Kuju, wahrscheinlich aber auch auf Sitka und der Bai Ltua Tertiärschichten auf, an welche sich die von Van Couver und britisch Columbien anschliessen dürften. Bedenken wir nun, dass an den benachbarten asiatischen Küsten tertiäre Ablagerungen ebenfalls weit verbreitet sind, indem solche in Kamtschaka, auf der Insel Sachalin und in Amurland beobachtet wurden, und dass wenigstens die von Kamtschatka nach ihren Pflanzeneinschliessen derselben Zeit angehören wie diejenigen Alaskas, erhalten wir in diesen Gegenden ein sehr ausgedehntes miocenes Festland.

Auf diesem Festlande war die Flora zu Hause, von welcher uns die Sammlung des Herrn FURUHJELM wenigstens eine Zahl von wichtigen Typen zur Anschauung bringt. Durch solche Annahme erklärt sich uns das Vorkommen amerikanischer Pflanzentypen in Asien, wie anderseits das asiatischer in Amerika. Zu den erstern gehört die Sumpfcypresse (Taxodium), die Sequoia und die Fagus Antipofi, welche der amerikanischen Buche sehr nahe steht; zu den letztern der Glyptostrobus und die Trapa. Diese beiden Gattungen fehlen jetzt der amerikanischen Flora, finden sich aber in ähnlichen Arten in Japan. Diese beiden Typen waren einst in Nordamerika und der Glyptostrobus wahrscheinlich über ganz Nord-Canada, wohl überhaupt über die ganze arctische Zone bis zu 70° n. Br. verbreitet, denn wir finden ihn auch am Mackenzie und in Nordgrönland. Später sind sie in Amerika ausgestorben, während diese Typen in Japan und China sich erhalten haben. Umgekehrt sind in Asien die Taxodien und die Sequoien erloschen; die Taxodien sind aber im Süden der Vereinigten Staaten und in Mexico geblieben, die Sequoien aber in Californien, wo sie noch jetzt einen Hauptschmuck der Wälder bilden und durch ihre riesenhaften Stämme allgemeine Bewunderung erregt haben.

Die meisten genauer bestimmbaren Arten, die jetzt lebenden entsprechen, stellen amerikanische Typen dar. Die Sumpfcypresse ist nicht von der lebenden Art (dem Taxodium distichum) zu unterscheiden, die Sequoia Langsdorfii der Sequoia sempervirens Californiens ungemein nahe stehend, ebenso der Liquidambar dem L. styraciflum der Vereinigten Staaten; Populus latior der P. monilifera Arr, die P. balsamoides der P. balsamifera, die Fagus Antipofi der F. americana; und in ähnlichem Verhältniss stehen die Myrica banksiaefolia zu M. californica (von der Nordwestküste von Canada bis Mexico), die Quercus pseudocastanea zu Q. castanea Willd., die Q. Furuhjelmi zu Q. macrocarpa Michx., die Q. pandurata zu Q. bicolor, Juglans nigella zu J. nigra, Jugl. picroides zu J. amara und Spiraea Andersoni zu Sp. tomentosa L. — Es stehen diese 13 Arten jetzt in Amerika lebenden Pflanzen so nahe, dass ein genetischer Zusammenhang wahrscheinlich ist. Aber auch das Taxodium Tinajorum, Vitis crenata und Sagittaria pulchella müssen als amerikanische Typen bezeichnet werden. Andere kommen in ähnlichen Formen sowol in Amerika als Europa vor, dahin gehören: Carpinus grandis, Corylus M'Quarrii und Ulmus plurinervia und die drei Weidenarten, die in die Gruppe der Bruchweiden gehören, die in Europa und Amerika aber auch auf den canarischen Inseln repraesentirt ist; wogegen drei Arten als europaeische Typen bezeichnet werden können. Es sind diess: Populus leucophylla, welche der Silberpappel verwandt ist, die Erle, die mit der Schwarzerle (Aln. glutinosa) zu vergleichen ist, und die Kastanie. Diese ist von besonderem Interesse, da sie in prachtvollen Blättern in der englischen Bucht auftritt und auch in Grönland zu Hause war. Sie steht der südeuropaeischen Kastanie näher als der amerikanischen.

Den zwei asiatischen Typen, die wir oben genannt haben (dem Glyptostrobus und der Trapa), können wir noch hinzufügen: die Juglans acuminata, welche der J. regia verwandt ist, die Planera, welche der asiatischen Pl. Richardi näher steht als der amerikanischen Pl. aquatica GMEL., und die Betula prisca, die mit der B. Bajpaltra des Himalaya verglichen wird.

Auch die nordamerikanische miocene Flora zeigt uns daher eine merkwürdige Mischung von Typen, welche jetzt verschiedenen Welttheilen angehören, wie die Europas, allein die Mehrzahl bilden die amerikanischen Formen. Es steht daher die miocene nordamerikanische Flora, soweit sie sich in diesen Pflanzen Alaskas spiegelt, der jetzt in Nordamerika lebenden viel näher, als die miocene Flora Europas derjenigen dieses Welttheiles, denn diese zeigt eine grosse Uebereinstimmung mit derjenigen Nordamerikas und damit auch mit der Pflanzenwelt welche jetzt diesen Theil unserer Erde bekleidet. Es ist daher mit der europaeischen Flora seit der miocenen Zeit eine viel grössere Umwandlung vor sich gegangen, als mit der nordamerikanischen. Es standen sich daher zur miocenen Zeit die Floren beider Welttheile viel näher als in der Jetztwelt. Es ist gewiss sehr beachtungswerth, dass die jetzigen Alpenfloren Europas und Amerikas sich viel näher stehen als die Ebenen-Floren und diese wieder gleich nahe Beziehungen zu der arctischen Flora haben und so auf einen gemeinsamen Ausgangspunkt hinweisen. Dieses Verhältniss bestand zur miocenen Zeit in weit grösserem Massstabe. Damals war wohl in der arctischen Zone ein Bildungsherd der Pflanzen, von dem sie sich strahlenförmig ausbreiteten und in dem vorhin besprochenen Tertiärland Alaskas haben sie ein sehr grosses Areal für ihre Verbreitung gefunden, das ihre Ausbreitung über Westamerika und Ostasien vermitteln musste. Wenn wir daher den Glyptostrobus, u. a. m. als asiatische, die Taxodien und Sequoien als americanische Typen bezeichnet haben, passt diess nur auf ihr jetziges Vorkommen, und wir könnten sie wohl noch passender *arctisch* nennen, da sie wahrscheinlich von der arctischen Zone ausgegangen sind und von da aus nach verschiedenen Richtungen sich südwärts verbreitet haben.

Wenn wir oben zahlreiche Arten der miocenen Flora Alaskas genannt haben, welche noch jetzt in nahe verwandten Formen in Amerika vorkommen, dürfen wir nicht vergessen, dass uns die meisten dieser letztern nicht in Alaska, sondern erst in viel südlichern Breiten begegnen. Die Aleutischen Inseln, wie die Küstenstriche an der Beringstrasse sind waldlos. Dagegen sind die Berge von Sitka und der umliegenden Inseln mit einer prächtigen Waldvegetation bekleidet, die besonders aus grossen Nadelhölzern (Chamaecyparis nutkaensis LAMB. sp., Pinus Menziesii DOUGL., P. inops SOL. und P. Mertensiana BONG.) gebildet wird. Auch der Osten der grossen Halbinsel Alaska und die Halbinsel Tschugotsk, wie ferner das Innere des Landes sind noch mit ansehnlichen Waldbäumen bekleidet *). Die Pinus Menziesii (Q. Sitkensis BONG.), die Weissbirke und die Pappeln sind auch hier noch häufig und die Balsampappel (Pop. balsamea) geht bis 68° 37′, ja die Populus tremuloides MICH. am Mackenzie sogar bis 69° n. Br. (Vgl. meine Flora fossilis arctica p. 55). Es kann uns daher das Vorkommen der Weiden und Pappeln, der Birken und Erlen in der miocenen Flora Alaskas nicht befremden und auch die Gattungen Hedera, Viburnum und Corylus reichen an manchen Punkten bis in die Breite der Cooks Inlet, obwohl sie jetzt Alaska fehlen. Dagegen haben gegenwärtig in Amerika ihre Nordgrenzen die Buchen (Fagus ferruginea) bei 55° n. Br., die Weinreben und die Eichen (Quercus macrocarpa) bei 50°, die Ulmen bei 54°, der Celastrus und die Nussbäume bei 49°.

Noch weiter südlich bleiben in Amerika zurück: das Taxodium, nemlich bei 40° n. Br. und die Sequoia sempervirens bei 42°; in dieselbe Kategorie gehören der Liquidambar und Diospyros, die Canada nirgends berühren, die Kastanie und die Planera. Der Glyptostrobus geht in Nordchina und Japan bis zu 36° n. Br., und dasselbe dürfte für die Trapa bispinosa gelten. Wir begegnen daher in der miocenen Flora Alaskas eine ganze Zahl von Pflanzentypen, die gegenwärtig in viel südlichern Breiten ihre nördlichste Grenze haben und die in Alaska zum Theil mit auffallend grossen, prächtigen Blättern auftreten (so die Kastanien, die Buchen und die Eichen); sie lassen daher nicht zweifeln, dass damals dieser Theil Amerikas viel wärmer muss gewesen sein als gegenwärtig. Doch ist es sehr beachtenswerth, dass alle subtropischen Formen fehlen und dass der klimatische Charakter dieser miocenen Alaska Flora nicht verschieden ist von dem der miocenen Ablagerungen des Mackenzie bei 65° n. Br. und demjenigen Grönlands bei 70° n. Br. Die südlichsten Pflanzenformen der Alaska Flora, die wir oben genannt haben, finden sich merkwürdiger Weise alle auch in Atanekerdluk (in Grönland) oder auf Disco, und die Arten, welche Alaska eigenthümlich sind oder die es mit Europa theilt, haben denselben klimatischen Charakter. Zu den letztern gehören 14 Arten, nemlich: 4 Pappeln, 2 Weiden, 2 Myricen, 2 Birken, 1 Eiche, 2 Buchen und 1 Ulme. Es ist sehr wahrscheinlich, dass diese Arten noch am Mackenzie gefunden werden, wenn die dortigen Pflanzenlager einmal sorgfältiger untersucht werden, und unter diesen Arten ist keine einzige zu nennen, welche ein wärmeres Klima verlangt als die Kastanie, die Sequoien, die Glyptostrobus und die Magnolia, die wir von Nordgrönland kennen; wenn sie daher wirklich der arctischen Zone fehlen sollten, müssten die Gründe in andern Verhältnissen liegen.

Da Neniltschik und die englische Bucht um 10 bis 10^2 südlicher liegen als Disco und Atanekerdluk muss es auffallen, dass die miocene Flora denselben klimatischen Character hat. Wir haben es sehr wahrscheinlich gemacht (Vgl. meine fossile arctische Flora p. 72), dass Nordgrönland bei 70° n. Br. zur miocenen Zeit wenigstens eine mittlere Jahrestemperatur von 9° C. gehabt haben müsse. Mit derselben Temperatur reichen wir für die Alaska Flora aus. Doch ist diess das Minimum, das wir anzunehmen haben, und es kann gar wohl die Temperatur um einige Grad höher gewesen

---

*) Aus F. WHYMPERS "Travel and Adventure in the territory of Alaska" erfahren wir, dass die Ufer des Yukon (Kwickpak), der beim Norton Sund ausmündet, bewaldet sind; wir erfahren aber nicht aus was für Baumarten der Wald zusammengesetzt ist. Auf seinen Bildern erscheint überall nur Nadelholz.

sein, indem keine aus der Pflanzenwelt entnommene Thatsache dagegen streiten würde. Da wir aber am Mackenzie derselben Erscheinung begegnen, ist es doch wahrscheinlicher, dass zur miocenen Zeit die Isothermen nach Westen gesunken sind und die Isotherme von 9° C. in Disco bei 70°, am Mackenzie bei 65° und in Alaska bei 60° gestanden hat, wie denn auch gegenwärtig die Isothermen von Grönland aus westwärts weiter nach Süden gerückt sind. Es wird diess durch die Vertheilung von Land und Wasser bedingt gewesen sein. Wir haben oben gesehen, dass zur miocenen Zeit wahrscheinlich viel mehr Festland in der Gegend von Alaska war als gegenwärtig, und dieses ausgedehntere tertiäre Festland ist vielleicht der Grund gewesen, dass diese Gegenden zur Miocenzeit verhältnissmässig kälter waren als Grönland.

Ueber das jetzige Klima und die Pflanzenwelt der Umgebungen der Cooks Inlet hat uns Herr HJ. FURUHJELM werthvolle Bemerkungen mitgetheilt, welche wir hier folgen lassen wollen.

Über Klima und Vegetation der ehemaligen Russischen Colonien in Nord-Amerika. Briefliche Mittheilung von HJ. FURUHJELM.

Da das Innere der ehemaligen russischen Besitzungen in Amerika in jeder Beziehung so gut wie völlig unbekannt ist, kann hier nur von den Küsten und den Inseln die Rede sein. Zuverlässige meteorologische Beobachtungen existiren nur von den Inseln Sitka und Unalaschka und von dem östlichen Ufer der Cook's Inlet; von Sitka vom Admiral v. WRANGEL und später von den Vorstehern des dortigen Meteorologischen Observatoriums, von Unalaschka von Pater WENIAMINOFF (jetzt Moskovischer Metropolit) und von Cooks Inlet vom Verfasser. Der verstorbene Capitain-Lieutenant der russischen Marine SAGARSKIN hat einige Temperatur-Observationen von der Gegend zwischen den Flüssen Kwickpak und Kuskokvim veröffentlicht; ausserdem findet man zerstreute klimatologische Notizen in den Berichten der englischen und russischen Weltumsegler und der Franklinschen Aufsuchungs-Expeditionen (Dr. B. SEEMANS Bericht von der Reise des "Heralds" und Überwinterung im Kotzebue Sund). – Das wäre alles, was man bis 1867 für die Meteorologie dieser Gegenden gethan hat. Die Temperatur-Observationen an der Cooks Inlet wurden vier Jahre hindurch unter Aufsicht des Verfassers vom Feldscherer der Expedition (von Geburt Kreole) dreimal täglich angestellt. Es ist sehr zu bedauern, dass Barometer-Observationen fehlen, da mein in Berlin verfertigter Barometer schon auf der Hinreise, bei einem Sturm am Cap Horn, unbrauchbar wurde.

Der Akademiker v. BAER*) sagt von dem Klima in Sitka:

"Obgleich die russischen Colonien im Verhältniss zur Ostküste von Amerika begünstigt sind, so haben sie doch viel weniger Wärme als die Westküste der alten Welt unter denselben Breiten, wie folgende Zusammenstellung zeigt.

*) Beiträge zur Kenntniss des russischen Reichs. Bd. I. S. 290.

Mittlere Temperatur der Jahreszeiten:

	Sitka. 57° 3' N. B. 135° 18' W. L. v. Gr.	Bergen. 60° 24' N. B. 5° 20' O. L. v. Gr.	Nain (Labrador). 57° N. B. 64° 30' W. L. v. Gr.	Unalaschka. 53° 52' N. B. 166° 25' W. L. v. Gr.
Winter (Dec.—Febr.)	÷ 1,52° C.	+ 2,20	— 18,18	1,71
Frühling (März—Maj)	+ 5,71	+ 7,02	— 5,77	+ 3,65
Sommer (Juni—Aug.)	+13,50	+11,76	7,57	9,72
Herbst (Sept.—Nov.)	+ 8,83	+ 8,74		2,22	÷ 3,16
Mittlere Jahrestemperatur	+ 7,39	+ 8,18	3,62	÷ 3,4

Die mittlere Temperatur in Sitka ist also beinahe 1° und die von Unalaschka etwa 7° höher als in Labrador, der Winter am letztgenannten Orte dagegen um 20° kälter als in Sitka und beinahe 17° kälter als in Unalaschka.

Bergen in Norwegen, fast unter denselben Lokal-Verhältnissen, aber um mehr als drei Breitengrade nördlicher gelegen als Sitka, und fast 7° u. Br. als Unalaschka, ist doch in allen Jahreszeiten wärmer als die letztgenannten Orte *).

Die Insel Sitka ist von hohen Bergen besetzt, wovon die "Werstovoja" eine Höhe von etwa 4000 engl. Fuss erreicht und dicht am Hafen von Neu-Archangelsk liegt. Auch die benachbarten Küsten sind mit hohen Gebirgzügen durchzogen, wodurch die Ausgleichung der Temperatur-Unterschiede zwischen dem Continente und dem Ocean gehemmt wird, im Folge dessen ist Sitka im Sommer und im Winter kälter als es ohne dieses Local-Verhältniss sein würde. Dazu kommt noch, dass diese Berge fast bis an das Ufer des Meeres mit dichten Tannen-Waldungen bedeckt sind, wodurch die vorherrschende Feuchtigkeit der Luft in Sitka, der beständige Nebel und Regen erklärt wird. Es kommen Jahre vor, in welchen Sitka nur 40 bis 60 heitere Tage hat, in den übrigen Regen, Schnee und Nebel. Zumal nach anhaltendem Frost bleibt der Schnee nicht lange liegen, weil die Erde nur an der Oberfläche und wenig unter den Nullpunkt erkältet ist. Die Kälte geht selten über —6°, —15° ist eine Seltenheit. Dagegen hat man im Januar oft +12° C. beobachtet. Die Rhede friert niemals, nur einige ganz von Bergen und Inseln umschlossene kleinere Buchten und nur für kurze Zeit"**). So weit Herr v. Baer.

Das Klima des ganzen Küstenstrichs von Sitka bis Kotzebue Sund (62° u. Br.) ist wohl eher ein Insel- und Küstenklima zu nennen, das durch milde Winter und kühle, feuchte Sommer karakterisirt ist. Eine Ausnahme machen die Gegenden un den nördlichsten Theil von Cooks Inlet und vielleicht die Insel Kodjak, wo das Klima zum Theil ein kontinentales ist. Die Halbinsel Alaska (Aljaska, Alaksa, der Indianname ist Alåhshak) übt, wie v. Baer richtig bemerkt, durch ihre Stellung hierbei einen wichtigen Einfluss aus. Der Küstensaum von Sitka bis Cap Elisabeth (59° 09' u. Br.

---

*) v. Baer hat hierbei die Wirkung des Theiles des Golfstroms, der an den Küsten Norwegens vorbeistreicht, nicht berücksichtigt. Die von Maury erwähnten Meeresströmungen im nördlichsten Theile des Stillen Oceans sind wenig bekannt, haben aber ihre Temperaturen, so viel ich weiss, nicht beobachtet.

**) Die am Hafen Neu-Archangelsk gelegene Binnensee friert doch fast alle Jahre zu und giebt Gelegenheit zum Export von Eis nach Californien. Es scheint als hätte das Klima von Sitka sich in den letzten zwanzig Jahren verändert; wenigstens will man beobachtet haben, dass die Winter jetzt kälter, die Sommer wärmer und trockner sind, als früher.

151 51 w. L. von Greenwich) hat wohl einerlei Klima mit Sitka, wenn gleich noch feuchter und etwas geringere Jahrestemperatur. Diese Küste hat ansehnliche Berge, wie St. Elias (2793 Toisen), Fairweather (2303 Toisen), Crillon u. s. w., die mit ewigem Schnee bedeckt sind und mächtige Gletscher bis ans Meeresufer herabsenden. — Prince Williams Sound (Nutschek oder Baj von Tschugotsch, dieser letztere Name nach dem dortigen Indianer Stamm, 60° 20' n. Br. 146° 52' w. L. v. Greenw.) zeichnet sich durch Regen und Nebel aus, und man erblickt hier die Sonne sprichwörtlich nur alle "Jubeljahre". Cooks Inlet hat schon weniger Regen und Nebel, besonders im nördlichsten Theil jener Bucht, wo die Winterkälte einige zwanzig Grade erreicht, der Sommer wärmer und Nebel selten ist. Die Insel Kodjak ist in dieser Beziehung mehr begünstigt als die benachbarten Inseln und Küsten. Der Grund hiervon ist theils die Lage der Halbinsel Alaska, welche die Wellen des Behrings Meeres abhält, theils die Lage des ansehnlichen Küstengebirges, das sich über die Tschugotschen (Cooks-) Halbinsel und über Alaska erhebt.

Von Kodjak aus gegen Norden hin fängt ein ewiger Herbst, oder viel mehr ein ewiger Streit zwischen Winter und Sommer an. Die Insel Unalaschka hat, so wie die ganze lange Inselkette, ein sehr unbeständiges Klima und keinen regelmässigen Wechsel der Jahreszeiten. Hier herrscht ewiger Herbst oder, wie WENIAMINOFF sich ausdrückt, dieselbe Witterung, die der Continent im October oder November in gleichen Breiten hat, und nur die Vegetation erinnert an den Sommer. Im Sommer geht die Temperatur selten über $+20°$ und im Winter selten unter $-15°$; indessen ist die mittlere Temperatur höher als in Petersburg und viel niedriger als in Sitka. Die Aleutische Inselkette hat freilich nicht so viel Regen als Sitka (WENIAMINOFF giebt die jährliche Regenmenge zu 2 bis 3 Zoll an). Der Temperaturwechsel ist plötzlich und von den Winden ganz abhängig; eine plötzliche, während einiger Stunden vor sich gehende Temperaturveränderung von $+20$ bis $+5°$ ist im Sommer, und von -13 bis $+2°$ im Winter ganz gewöhnlich. Westliche Winde bringen immer Kälte, Ostwind Wärme, Regen und Nebel. Der Frühling fängt in Mitte April an, der Sommer Mitte Juli, der Herbst im Oktober, der Winter um Mitte December. Die Luft im Ganzen trocken. Schnee fällt schon im September, schmilzt im Maj, auf den Bergen erst im Juni. Völlig heitere Tage im Jahr 4 bis 12, heitere 30 bis 40 Tage. Eine Kälte von 3 bis 5° ist, sagt WENIAMINOFF, schon unangenehm, weil es immer sehr windig ist. Donner selten. Die mittlere Temperatur des Meeres ist bei einigen Fuss Tiefe $+5°$ C. Die Ursachen des unbeständigen Klimas könnten sein: 1) Die Inselkette liegt im Meere oder viel mehr auf der Grenze zweier Meere; 2) Treibeis vom nördlichen Eismeer und 3) die Gebirge. Die Schneegrenze wird zu 2800 engl. Fuss angegeben. Die Inselkette S.W. von Unalaschka hat so ziemlich dasselbe Klima wie Unalaschka. Höher hinauf gegen das Eismeer sind Nebel vorherrschend und helle Tage eine Seltenheit. Auf der Insel St. Paul ist die Kälte doch gemässigt, aber beim Treibeis kann sie plötzlich zu 25° steigen. St. Paul hat im Jahr nur etwa 7 helle Tage. SAGOSKIN hat folgende Temperatur-Observationen gemacht. Fort St. Michael am Norton Sund 63° 28' n. B. 161° 45' w. L. (1842): Mittlere Temperatur Juli $+11,5$; Aug. $+7,37$; Sept. $+5,38$; Oktob. $-3,37$; Nov.

— 5,63° R. Ikogmjut 61° 47' n. B. 164° 3' w. L.; Sept.   4,46; Oktob.   2,29; Nov.
— 11,64 (Ikogmjut ist ein Indiandorf am Flusse Kwichpak).

Ferner am Fort Kolmokoff 61° 34' n. B. 158° 37' w. L. am Flusse Kuskokvin: Decemb.   19,1°; Jan.   — 11,65 R. - An der Vereinigung der Flüsse Nulato und Fukhona (der letztere fällt in den Kwichpak) 64° 42' n. B. 157° 58' w. L.; Jan. -- 21,12°; Febr. - 9,83°; März   — 3,59°; April + 1,59°; Maj + 8,8°F; Juni + 14,2° R. — Die Gegend zwischen Kwichpak und Kuskokvin, die SAGOSKIN explorirte, ist mit wenigen Ausnahmen ein niedriges, sumpfiges Land.

Nach einer vorläufigen Berechnung der in den Jahren 1858, 1859, 1860 und 1861 an der Englischen Bay oder Cooks Inlet (59° 21' n. B.; 151° 52' w. L. v. Greenw.) gemachten Temperatur-Beobachtungen hätten wir hier als mittlere Temperaturen:

	8^h v. M.	12^h M.	4^h n. M.	Mittlere Richtung d. Windes.	
Jan.	5,27.	4,52.	4,68.	Jan. N. 9° 9' W.	
Febr.	3,91.	2,47.	2,77.	Febr. N. 10° 30' W.	Im Winter N. 7° 43' W.
März	4,17.	1,62.	1,74.	März N. 16° 24' W.	» Frühling N. 1° 42' O.
April	+ 2,21.	+ 3,88.	+ 3,42.	April N. 18° 26' W.	» Sommer S. 66° 53' O.
Maj	+ 4,94.	+ 6,43.	+ 5,96.	Maj S. 84° 26' O.	» Herbst N. 1° 29' W.
Juni	+ 8,48.	+ 9,93.	+ 9,62.	Juni S. 87° 37' O.	
Juli	+10,41.	+12,37.	+12,38.	Juli S. 12° 9' O.	
Aug.	9,27.	+10,61.	+10,26.	Aug. S. 81° 3' O.	
Sept.	+ 7,55.	+ 9,10.	+ 8,66.	Sept. N. 19° 5' O.	
Oktob.	+ 2,07.	+ 3,88.	+ 3,35.	Okt. N. 8° 45' W.	
Nov.	1,60.	0,36.	— 0,07.	Nov. N. 3° 53' W.	
Dec.	4,09.	3,42.	3,62.	Dec. N. 4° 13' W.	
Mittel	+ 2,17.	+ 3,65.	+ 3,35.	Mittel N. 1° 14' O.	

Die höchste beobachtete Kälte war   21° C. und einmal wurde im August + 28,7° C. observirt. Im Laufe von sechs Jahren hatte man im Mittel 16 vollkommen heitere Tage; 103 mittelklare, 104 mit bewölktem Himmel, 52 nebliche, 67 mit Regen und 23 mit Schnee pr. Jahr. Im selben Zeitraum zwei Mal Donner, Erdbeben dagegen 29 Mal. Die Winter waren sich sehr ungleich, theils kalt mit vielem Schnee, theils mild mit häufigem Regen und Nebel: der Sommer im ganzen kühl mit plötzlicher Temperatur-Erniedrigung bei N. und N.W. Winden.

Die Englische Bucht ist von 2000 bis 3000 Fuss hohen Bergen umgeben, die am Fuss reichlich mit Tannen-Waldungen bedeckt sind.   Die höchsten Spitzen waren schon Anfangs September schneebedeckt und wurden selten vor Ende Maj oder Anfang Juni frei.

Im Anfang Maj, oft später, kamen die Kolibris (Trochilus rufus) und Schwalben, und die Vegetation ging ziemlich rasch von Statten, weil die Erde im Winter gewöhnlich nur etwa 5—8 Zoll tief gefroren war.

Die Winde (W. und N.W.), die von Aljaska herüber kamen und von den hohen mit ewigem Schnee bedeckten Vulkanen abgekühlt wurden, konnten plötzlich die Temperatur im Sommer um viele Grade erniedrigen.

Das innerste Ende der Englischen Bucht war gewöhnlich im Februar zugefroren, aber nur für einige Wochen.

Am nördlichsten Theil der Cooks Inlet waren die Winter schon viel kälter, die Sommer viel wärmer und trockner als in der Englischen Bucht, auch fror das nördlichste Ende von Cooks Inlet gewöhnlich zu.

Wir haben oben den Einfluss von der Halbinsel Alaska in klimatologischer Hinsicht erwähnt und nirgends ist wohl ein so bedeutender klimatischer Unterschied in so geringer Entfernung zu finden, als auf den beiden Seiten von Alaska. Alaska bildet eine von N.O. nach S.W. langgestreckte Halbinsel, etwa 7 Breiten-Grade lang und im Mittel 1 breit; eine ununterbrochene Mauer, welche die Wellen des nördlichen Beringsmeeres verhindern sich sogleich mit dem Wasser des Stillen Oceans zu mischen und daher das Polartreibeis abwehrt. Eine lange Inselkette setzt dieselbe Scheidemauer mit einigen Unterbrechungen fort. Alaska scheidet zuvörderst die waldigen Küsten und Inseln von den waldlosen; denn die Ostseite von Aljaska sowie die Inselgruppen Kodjak und Unga sind reichlich mit hochstämmigen Tannenwaldungen bedeckt, dagegen sind die Westküste und die ganze Inselkette, ferner die Küsten bis ans Eismeer vollkommen waldlos, und nur mit Gesträuch und Gras versehen.

Ist diese Waldlosigkeit auch zum Theil dem Einflusse der Seewinde zuzuschreiben (denn bis zum Parallel von Nortonsound und noch höher wird noch Wald angetroffen im Innern tiefer Buchten), so sind doch die rauhen Sommer, die kalten Polarströmungen und andere noch zu ermittelnde Ursachen offenbar daran Schuld. Auch für die Thierwelt bildet Alaska, wie v. BAER erinnert, eine Scheide, denn auf demselben Breitengrade trifft man an der Cooks Inlet Kolibris und auf der Westküste von Alaska fängt man Wallrosse.

Auf der Ostküste von Alaska streicht eine Reihe von Vulkanen: der nördlichste, *Ijakushotsch* (Hohe Berg) 11,200 Fuss, warf 1853 Bomben und Lapilli, ist aber seitdem erloschen; *Iliamna* 12,000 Fuss, raucht fortwährend aus zwei Kratern; die Kegelinsel *Tschernoburg* (erloschen) und *Cap Douglas* (erloschen); weiter nach Süden eine Menge anderer theils thätigen, theils erloschenen Vulkane.

Bei einer Wanderung an der Cooks Einfahrt trifft man, vom Meeresufer einen Berg hinauf[*)], zuerst an der Ebbe- und Fluthmarke Alnus (wenig von den nord-europaeischen verschieden), dann kommt die Waldregion, nur aus einer Pinus Art (die Äste fast grade ausstehend und der Baum nicht so pyramidal wie unsere schwedische P. Abies) bestehend, dann abwechselnd krüppliche Alnus (oft so verflochten, dass es schwer war durchzukommen) und Zonen mit hohem Himbeer-gesträuch (die Himbeeren sind sehr gross, roth und gelb, aber fast ohne Arom) und hohem Gras dicht bewachsen, und endlich Lichenen und Musci verschiedener Art. In den Vertiefungen des Gebirgsplateau sah man überall einen überaus üppigen und schönen Graswuchs, mit Blumen, hier und da

---

*) Das Innere dieser Gegend ist nur durch Indianerberichte bekannt.

von Zwerg-Erlen-Wäldern unterbrochen. Auf diesen Grasmatten traf ich einmal Rubus arcticus (selten) und sehr häufig Empetrum nigrum, Trifolium und eine Menge Blumenarten, deren Namen ich nicht kenne. Essbare Waldbeeren sind: Himbeere, Vaccinium myrtillus, V. vitis idaea, V. oxycoccus (zwei Arten, die gewöhnliche europäische auf Meeresküsten und eine andere mit vier Kernen in Wäldern), Arbutus Uva ursi, Rubus chamaemorus, und eine Art rother Johannisbeeren kamen erst höher hinauf an der Cooks Einfahrt vor, dagegen war Ribes nigrum sehr häufig an der Engl. Bucht, die Farbe war aber blaugrau und der Geschmack verschieden von unserer europäischen. Von Fungi trafen wir viele europaeischen Arten. Auf den sandigen Uferabhängen wuchsen hohe, prächtige Angelicae(?), blau und gelb. In den Wäldern traf man eine Pflanze, deren rothe Früchte wie Gurken schmeckten. Auf einer dicht an unserer Ansiedlung gelegenen kleinen Insel sah ich an den Ufern Lilien (Iris?) und im See selbst Nymphaea lutea und alba(?). Auf den kleinen Inseln wurde eine kleine Art Allium gesammelt und auf den Meeresufern verschiedene Algen. Bei Ebbezeit waren in den kleinen geschützten Buchten grosse Fucus und Potamogeton Arten so häufig und dicht, dass das Boot mit Mühe durchkam. Längs des Ufers sah ich eine hohe Urtica, die fast Cannabis glich, die aber nur auf Plätzen, wo früher Indianerhütten gestanden hatten, getroffen wurde. Ich habe noch ein Gesträuch zu erwähnen, das häufig in den Thälern wuchs, es war ungefähr mannshoch mit etwa 1-zölligen Stämmen und Ästen, die in abgerundeten Enden abliefen; Stamm und Äste waren mit Stacheln voll besetzt, die Blätter glichen fast Gurkenblättern, waren aber grösser (Aralia?). Das Ganze hatte eine entfernte Ähnlichkeit mit Cactus. Meine deutschen Grubensteiger nannten es Hexenkraut, denn wenn man sich einmal in das Gesträuch vertiefte, kam man blutig und mit angeschwollenen Gliedern heraus. Überall, wo wir den Wald lichteten, kam ein Gesträuch schnell zum Vorschein, das unserem schwedischen "Hundtry" glich; es hatte rothe Beeren und etwa 10 Fuss hohen Stamm. In meinem Garten gediehen: Rüben, Kartoffeln, Blumenkohl, Meerrettig, Zwiebel; der Weisskohl bildete niemals "Köpfe". Von Sitka mitgebrachte Stachelbeeren und Erdbeeren trugen keine Früchte. Roggen und Hafer wuchsen üppig aber ohne Frucht. Am Meeresufer traf ich eine Art wilden Hafer. Längs der Flüsse Salix und prächtige natürliche Wiesen. An einer hohen Bergwand sah ich zwei krüppliche Hollundergesträuche.

Von Cap Elisabeth bis zum nördlichen Ufer an der Baj Katschekmak werden *keine anderen Bäume als Erlen und Tannen* getroffen, die erstgenannten höchstens von 4 bis 5 Zoll Durchmesser, die letzteren bis zu 2 Fuss Durchmesser.

Bei einer Excursion in das Innere traf ich zwischen zwei Seen eine kleine Waldung von hochstämmigen Espen. Ich habe bei der Besprechung des Klimas erwähnt, dass die Halbinsel Aljaska die Waldungen von den waldlosen Gegenden scheidet und dass das W. Ufer dieser Halbinsel, sowie die ganze Aleutische Inselkette und die Küsten bis aus Eismeer nur niedriges Gesträuch von Alnus- und Salix-Arten und üppige Grasmatten haben. Ebenso intressant ist die Baj von Katschekmak, die am O. Ufer der Cooks Inlet einige Meilen tief eindringt. Ihr südliches Ufer wird von einer einige tausend Fuss hohen Bergkette durchzogen, die vier Gletscher bis an die Ebb- und

Fluthmarke herabsendet; die steil abfallenden Ufer sind mit dichten Tannen und Erlenwaldungen bedeckt.

Das nördliche Ufer erhebt sich dagegen 50—70 Fuss und bildet dann, so weit das Auge sieht, ein wellenförmiges, von Flüssen und Seen durchschnittenes Plateau, ganz aus Tertiärlagern mit Braunkohlen bestehend; hier werden nicht nur Birken und Espen (Populus tremula), sondern einige Meilen höher nach Norden auch Pappeln getroffen. So scharf ist hier die Grenze zwischen den Tannen und Laubholz-waldungen. Als ich das erste Mal von den eisigen Gletscher-Thälern hinüber nach dem nördlichen Ufer ruderte, mit seinen freundlichen Gras- und Blumenmatten und Laubhölzern, war ich kindlich froh. Es war zwei Jahre her seit ich eine Birke gesehen hatte.

Die Holzvegetation am W. Ufer von Alaska und auf der Insel Kodjak ist die oben beschriebene, gegen Süden Tannen und Erlen, nördlicher auch Birken und Espen. In Sitka sah ich keine anderen Hölzer als: Tannen, Erlen, Lerchen und eine Art Ceder, welche die Russen "den riechenden Baum" nannten. Pappeln sollen im Innern der Insel vorkommen.

So viel ist sicher, dass die Eiche *nicht* in den ehemaligen russischen Colonien angetroffen wird, und so viel ich gehört habe auch nicht die Buche. Bei einer geologischen Excursion in den Indian Archipelag (um die Kohlenlager an Keku zu besichtigen) sah ich nur Tannen und Erlen und wenig Lerchenbäume. Die Eiche kommt, wie ich glaube, erst südlich von Vancouver vor.

FLORA FOSSILIS ALASKANA.

AUCTORE

OSWALDO HEER.

II. DESCRIPTIO SPECIERUM.

ALGAE.

1. *Chondrites* Sr. Tab. X. Fig. 5.
   Ch. Thallo bipinnatim ramoso, ramis furcatis, linearibus, aequilongis, obtusiusculis. In lapide erratico, virescenti-griseo in sinu Katschekmak.
   Thallus albus, deplanatus, rugulosus, ramosus, ramis 4 Mill. latis, ramulis plerumque 6 Mill. longis, linearibus, aequilatis, angulo semirecto divergentibus, alternantibus. Valde affinis Ch. liasino Hr. Urwelt der Schweiz p. 70. Tab. IV. Fig. 2., et revera vix distinguendus, sed formae similes in formatione triasica (Ch. prodromus Hr. Urwelt der Schweiz Tab. III. Fig. 10) nec non in formatione eocena (Ch. Targioni arbuscula) occurrunt, hinc specimen unicum determinationem speciei et formationis accuratam non permittit.

FILICES.

2. *Pteris Sitkensis* m. Tab. I. Fig. 7. *a*.
   Pt. foliis pinnatis, pinnis pinnati-partitis, lobis alternis, lanceolatis, serratis, pinninerviis, nervis secundariis angulo acuto egredientibus, inferioribus furcatis.
   Archipelagus Indianorum in insula Kuju, prope Sitka.
   Fig. 7. *a*, repraesentat sine dubio modo pinnam folii pinnati, cujus rachis mutilata adest. Pinna est profunde lobata, lobis modo basi connatis, extrorsum angustatis, margine serratis, dentibus acutis, nervo medio debili, excurrente, nervis secundariis craspedodromis, inferioribus furcatis, superioribus simplicibus.
   Affinis Pt. inaequali (Flora tert. Helvet. p. 59), sed lobis aequalibus, serratis dignoscitur; a Pt. bilinico Ettingh. lobis apice attenuatis, serratis.
   Ab Hemitelit. lignitum Giep. sp. et H. Torellii Hr. pinnis multo profundius incisis distincta.

CUPRESSINEAE.

3. *Taxodium distichum miocenum*. Tab. I. Fig. 6. Tab. III. Fig. 11. *c*. IV. 5. *b. c*.
   HEER: miocene baltische Flora. Tab. II. Tab. XIV. Fig. 24—28. Contributions to the fossil Flora of North Greenland, t. XLIII, Fig. 4, 5. Taxodium dubium Sternb. sp. HEER: Flora foss. arctica p. 89, 156.

Sinus Anglorum sat frequens (J. 6.); Neniltschik argilla cocta (III. 11. c).
Archipelagus Indianorum prope Sitka. (IV. 5. b, c.)
Lapides nonnulli ramulis Taxodii sunt repleti. Ramuli tenues, foliis distichis, 8—14 millim. longis, lateribus parallelis, planis, uninerviis, summa basi angustatis, non decurrentibus.
Habemus in eodem lapide una cum ramulis Taxodii fragmenta strobili. Squamae nonnullae impressiones obsoletas reliquerunt.
In ramulis nonnullis folia sunt valde approximata (Tax. occidentale NEWB.?), in aliis in eodem lapide (Taf. I. Fig. 6) distantia.

4. *Taxodium Tinajorum* m. Tab. I. Fig. 1—5.

T. ramulis elongatis, foliis distichis, praelongis, linearibus, apicem versus attenuatis, acuminatis, basi paulo angustatis, non decurrentibus, medio leviter costatis.

In sinu Anglorum frequens.

Foliis angustis, tenuibus, apice acuminatis, basi non decurrentibus cum Taxodiis convenit. In Fig. 5 semen Taxodii prope ramulum videmus et cum foliis Taxodii naturam nostrae arboris indicat. A Taxodio distichо foliis multo longioribus, angulo acuto egredientibus, apicem versus magis angustatis dignoscitur.

Folia plerumque 2 millim. lata et usque ad 35 millim. longa, in apice ramuli breviora, lateribus parallela, linearia, apicem versus sensim angustata et apice acuminata, basi paulo modo contracta, sessilia, non decurrentia, nervo medio tenui, sed apicem folii attingente. Semen 6 millim. latum, basi acuminatum, laevigatum. Valde simile semini Taxodii distichi (cf. Flora miocena baltica Tab. II. Fig. 18—21).

Respondens voto clarissimi FURUHJELMI, ut plantam Alaskanam tribui Tinajorum dedicarem, hancce speciem hoc nomine salutavi. FURUHJELMUS novem per annos in consortio hujus tribus, quam mox peritura esse verisimile est, vixit.

5. *Glyptostrobus europaeus*. Tab. I. Fig. 7. b—f. Tab. III. Fig. 10. 11.
HEER Flora foss. arctica p. 90.
Var. Gl. Ungeri HR. Flora tert. Helvet. I. p. 52. et III. p. 159.
Foliis squamaeformibus adpressis, dorso costatis, in apice ramulorum linearibus, patentibus.

Archipelagus Indianorum in insula Kuju prope Sitka (Tab. I. Fig. 7) et in argilla cocta Neniltschikiana (Tab. III. Fig. 10. 11. a, b.).

Ramus biennis (Fig. 7. c.) foliis squamaeformibus adpressis tectus, ramuli annotini graciles in parte inferiore foliis squamaeformibus adpressis, ovato-ellipticis, apice acutiusculis, dorso costatis omnino tecti (Fig. 7. e, f. magnitud. auct.), in parte superiore foliis angulo acuto egredientibus, sed a ramulo distantibus, linearibus, 4—5 millim. longis, interdum incurvatis, apice paulo attenuatis, dorso costatis ornati.

In argilla cocta Neniltschikiana ramulos praecedentibus omnino conformes habemus. (Tab. III. Fig. 10. 11. b.) Ramuli basi foliis adpressis squamosis tecti, antrorsum foliis linearibus, uninerviis, distantibus interdum usque 14 millim. longis. Eodem loco fragmentum strobili (Tab. III. Fig. 11. a.) inter ramulos Glyptostrobi (Fig. 11. b.) et

Taxodii (Fig. 11. c.) inventum est. Squamae sunt mutilatae, sed bene congruunt cum squamis Glyptostrobi (cf. Flora tert. Helvet. I. Tab. XX. Fig. 1).

Foliis dorso costatis et in apice ramulorum longioribus linearibus, distantibus cum Glyptostr. Ungeri convenit, quem modo varietatem Glyptostrobi europaei esse unne puto. Haec forma valde affinis Glyptostrobo viventi. (Gl. heterophyllus BRGN. sp.)

ABIETINEAE.

6. *Sequoia Langsdorfii* BRONGN. sp. Tab. I. Fig. 10.

HEER Flora foss. arctica p. 91.

Sinus Anglorum. Neniltschik argilla cocta.

Cl. FURUHJELM in lapide marnoso ramulos nonnullos optime conservatos collegit. Folia firma, disticha, dorso costata, apice acutiuscula, basi sunt evidenter decurrentia. (Fig. 10.)

Var. *foliis planioribus, apice obtusis.* Fig. 10. b.

Archipelagus Indianorum prope Sitka (insula Kuju). Habemus in lapide schistaceo ramulos duos, qui fortasse ad aliam speciem pertinent. Folia disticha, plana, summa basi angustata, decurrentia, lateribus subparalella, apice obtusa, costa media angusta. Superficies foliorum subtilissime longitudinaliter striata. Striae modo lentis ope observantur.

7. *Pinus sp.* Tab. I. Fig. 11.

P. strobilo oblongo, squamis apice non incrassatis, rotundatis, striatis.

Sinus Anglorum.

Fragmentum strobili male conservati. Squamae apice rotundatae, longitudinaliter striatae, dense imbricatae.

Ad sectionem Abietum pertinere verisimile est.

8. *Pinites pannonica* UNG. sp.

P. ligni stratis concentricis (0,5—2 millim.) distinctis, cellulis prosenchymatosis porosis ad annuli limitem reliquis minoribus et crassissimis, poris minutis, uni-, bi-, triserialibus subcontiguis, radiis medullaribus simplicibus, copiosissimis, e cellulis 2—40 superpositis formatis quandoque compositis; ductis resiniferis paucis.

Peuce pannonica UNG, Chlor. protog. p. 17. Pinites protolarix GOEPP, Bernstein p. 90. Tab. 2. Fig. 9—12.

Am südwestlich. Ende der Insel Ungi. (GOEPPERT Abhandl. der Schles. Gesellsch. 1861. p. 203.)

TAXINEAE.

9. *Taxites Olriki* HR. Tab. I. Fig. 8. Tab. II. Fig. 5. b.

HEER Flora fossilis arctica p. 95. Tab. I. Fig. 21—24. c. Tab. XLV. Fig. 1. a, b. c.

In sinu Anglorum.

Specimina a Cl. FURUHJELM collecta omnino conveniunt cum ramulis Grönlandicis in flora mea arctica depictis. Folia disticha, firma, coriacea, interdum 22 millim. longa, 3 millim. lata, lateribus parallela, linearia, apice obtusiuscula, basi angustata, non decurrentia. Planta nostra a Taxodiis foliis firmioribus, coriaceis facile dignoscitur.

10. *Taxites microphyllus* m. Tab. I. Fig. 9, magnitudine auct. Fig. 9. *b*.

T. foliis minutis, rigidis, distichis, approximatis, oblongo-lanceolatis, apice acuminatis, dorso argute costatis, basi non decurrentibus.

In sinu Anglorum.

Ramulus parvulus, foliis 3 millim. longis, rigidis, alternis, distichis, nervo medio arguto, apice fere in spinulam acuminatis.

Tax. valido HR. (Flora miocena baltica p. 26. Tab. III fig. 12) Sambiensi affinis, sed foliis minoribus, apice abrupte acuminatis dignoscitur; a Seq. brevifolia foliis basi non decurrentibus, apice subspinuloso acuminatis distinguitur.

MONOCOTYLEDONES

Gramineae.

11. *Phragmites alaskana* m. Tab. I. Fig. 12.

Phr. foliis 12—13 mill. latis, nervis longitudinalibus fortioribus 12 – 13, interstitialibus 6.

Sinus Anglorum.

Folia lateribus parallela, linearia, nervis longitudinalibus 12 - 13 perspicuis, 1 mill. inter se separatis; nervis interstitialibus subtilissimis plerumque obsoletis; nervo medio nullo.

Phragmit. oeningensi proxima et forte nonnisi varietas. Praesertim foliis angustioribus et nervis paucioribus distinguitur.

12. *Poacites tenue-striatus* m. Tab. I. Fig. 14.

P. foliis linearibus, $2^1/_2$ millim. latis, planis, nervis longitudinalibus 7, aequalibus, subtilissimis.

Sinus Anglorum in lapide marnoso-griseo.

Folia complurima sed obsoleta, auguste linearia (Fig. 14. c.); in altera parte ejusdem lapidis folii fragmentum (Fig. 14 magnitudine auctum Fig. 14. *b*.) optime conservatum nervaturam indicat. Nervi longitudinales 7 omnino sunt aequales et aeque inter se distantes.

CYPERACEAE.

13. *Carex serrata* m. Tab. I. Fig. 13. magnitud. auct. Fig. 13. *c. d*.

C. foliis 4—5 millim. latis, tenue carinatis, utrinque nervis 9—10 alternis fortioribus; fructibus ovato-lanceolatis, striatis.

Sinus Anglorum in lapide marnoso griseo.

Folia compluria in eodem lapide linearia, medio tenue sed argute carinata v costata, utrinque nervis longitudinalibus 9—10 conspicuis, alternis fortioribus, exteri oribus valde approximatis. Fructus ovato-lanceolatus, apice attenuatus, medio lateri busque striatus. (Fig. 13, c, magnit. auctus.)

C. Scheuchzeri Hr. (Flora tert. Helvet. I. p. 75. Tab. XXVI. Fig. 9, c, 10 Tab. XXX. Fig. 7.) valde affinis, sed nervis alternis fortioribus dignoscitur.

ALISMACEAE.

14. *Sagittaria pulchella* m. Tab. I. Fig. 15.

S. foliis membranaceis, lineari-lanceolatis, planis, nervis longitudinalibus paral lelis, nervo medio ceteris paulo fortiore, nervulis transversalibus sparsis, angulo acuto egredientibus.

Neniltschik.

Fragmenta foliorum complurium in eodem lapide. Folia margine parallela, plana 9—12 millim. lata, nervis longitudinalibus 5—7, tenuibus parallelis, nervo medio ce teris paulo latiore; nervulis transversalibus tenuissimis, curvatis.

Forma et nervatura foliorum Sagittariae falcatae Pursh quae in locis turfosis Virginiae frequens occurrit. Alisma ranunculoides quidem folia similia habet, sed ner vulis pluribus longitudinalibus differt.

STYRACIFLUAE.

15. *Liquidambar europaeum* Alex. Braun. Tab. II. Fig. 7.

Heer Flora tertiaria Helvetiae II. p. 6.

Sinus Anglorum.

Fragmentum folii, quod optime convenit cum Tab. LI. Fig. 6. et Tab. LII. Fig. 2 Florae tertiariae Helvetiae. Folium quinquelobum (lobi in sinistra parte deficientes), lobis argute serratis, apice cuspidatis, lobo medio indiviso; nervis primariis validis, se cundariis camptodromis. A specie vivente Americae (L. styraciflua L.) vix diversum.

SALICINEAE.

16. *Populus latior* Al. Braun. Tab. II. Fig. 1.

Heer Flora tert. Helv. II. p. 14. Unger Sylloge plant. foss. III. p. 72. Tab. XXII. Fig. 1. b.

Sinus Anglorum.

Folium unicum speciei polymorphae repraesentat; *P. latior transversa*, Heer Flora tert. Helv. p. 14. Tab. LVII. Fig. 3, 6, 7. Folium longitudine multo latius, basi subtruncatum, integriusculum, margine calloso-dentato, nervis primariis 5, duobus primis lateralibus fortioribus, paulo magis erectis quam in foliis Oeningensibus, sed op time convenit directione nervorum cum Tab. LIII. Fig. 1. Florae tertiariae Helvetiae.

17. *Populus glandulifera* Hr. Taf. II. Fig. 1. 2.
   Heer Flora tert. Helv. p. 17.
   Sinus Anglorum.
   Folia duo optime conservata, ovato-, vel subcordato-elliptica, undique calloso-dentata vel serrulata, latitudine longiora, basi rotundata (Fig. 1.) vel leviter emarginata (Fig. 2), apice attenuata, acuminata; nervis primariis 5—7, lateralibus inferioribus debilibus; duobus superioribus fortioribus, angulo acuto egredientibus. Petiolus deest et glandulae sunt obsoletae.
   Conveniunt cum Tab. LVIII. Fig. 6. 7. Florae tertiariae. A P. balsamoides praecipue nervis primariis lateralibus magis erectis distinguenda.

18. *Populus balsamoides* Goepp. Tab. II. Fig. 3.
   Fossile Flora von Schossnitz p. 23.
   Heer Flora tert. Helv. p. 18.
   Populus eximia Goepp. l. c. p. 23.
   Sinus Anglorum.
   Folium unicum omnino cum Tab. LX. Fig. 1. 2. Florae tertiariae convenit et revera P. balsamiferae L. nimis affinis. Folium subcordato-ellipticum, basi leviter emarginatum, latitudine multo longius, serratum, dentibus aequalibus; nervis primariis 5, medio ceteris multo longiore et validiore; lateralibus valde curvatis, flexuosis; nervis secundariis compluribus, curvatis, camptodromis.
   Populus eximia Goepp. (Tertiäre Flora von Schossnitz p. 23.) non est distincta. Tab. XVI. Fig. 4. bene congruit cum folio nostro.

19. *Populus Zaddachi* Hr. Taf. II. Fig. 5. a.
   Heer Flora fossilis arctica p. 98. Flora miocena baltica. p. 30. Tab. V. VI. Contributions to the fossil Flora of Greenland Pl. XLIV. Fig. 6.
   In sinu Anglorum cum fragmentis Coryli et ramuli Taxitis Olriki.
   Fragmentum folii, quod forma, dentatione et nervatione cum foliis Sambiensibus, Grönlandicisque bene congruit (cf. Tab. VI. Fig. 4. Florae balticae). Folium basi emarginatum sub-cordatum, crenatum, dentibus glandulosis, nervis primariis 7, lateralibus primis angulo acuto egredientibus, valde curvatis, medium folium longe superantibus; nervis secundariis compluribus camptodromis.

20. *Populus leucophylla* Ung. Tab. II. Fig. 6.
   P. foliis repando-grosse dentatis, saepius lobatis; nervis duobus secundariis basilaribus sequentibus fortioribus.
   Unger iconograph. plant. fossil. p. 46. Tab. XXI. Fig. 7. 8. Fossile Flora von Gleichenberg p. 24. Tab. IV. Fig. 6—9. Gaudin, Contributions à la Flore foss. italienne I. p. 29. Tab. IV. Fig. 1—5.
   Populus acerifolia Newberry. Annals of the Lyceum of Natur. Hist. in New York vol. IX. p. 65?

Pars sinistra et basis folii unici desunt; pars conservata bene congruit cum forma non aut vix lobata P. leucophyllae (cf. UNGER, Iconogr. Fig. 7 et 9 et GAUDIN, Contrib. Fig. 2 et 5).

Folium grosse-dentatum, dentibus obtusis, sinu obtuso separatis; nervi secundarii in dentes excurrentes. P. albae L. valde affinis.

21. *Salix raeana* GOEPP. Tab. II. Fig. 8. Tab. III. Fig. 1. 2. 3.

S. foliis elongato-lanceolatis, acuminatis, serrulatis, nervis secundariis valde curvatis, nervillis angulo recto vel acutiusculo egredientibus.

GOEPPERT fossile Flora von Schossnitz p. 26. Tab. 20. Fig. 1. 2.
HEER Flora tert. Helv. p. 26. Tab. LXV. Fig. 1. 2. 3. 7—16.
Salix Wimmeriana GOEPP. l. c. p.

Neniltschik in argilla cocta. Sinus Anglorum.

Argilla cocta Neniltschikiana continet folia plurima hujus speciei. In Tab. III. Fig. 1. 2. et 3 depicta sunt folia permagna (latitud. 40—50 mill.), lanceolata, evidenter serrulata. Nervus primarius validus, nervi secundarii numerosi, valde curvati et camptodromi; nervi secundarii abbreviati recurvati, nervilli numerosi, undulati, angulo recto vel subrecto egredientes.

Tab. II. Fig. 8. folium minus, argute serrulatum, nervatione optime conservata.

22. *Salix macrophylla* HR. Tab. II. Fig. 9.

S. foliis lanceolatis, acuminatis, nervis secundariis numerosis partim angulo subrecto egredientibus, valde curvatis, nervillis angulo acuto orientibus.

HEER Flora tert. Helv. II. p. 29. Tab. LVII. Flora foss. arct. p. 146. Tab. XXV. Fig. 3. 6.

Sinus Anglorum.

Fragmenta folii. A praecedenti imprimis nervillis angulo acuto egredientibus distincta.

23. *Salix Laurateri* HR. Tab. II. Fig. 10.

S. foliis lineari-lanceolatis, lateribus parallelis, argute serrulatis, apice longe acuminatis.

HEER Flora tert. Helv. II. p. 28. Tab. LXVI. Fig. 1—12.

Sinus Anglorum.

Foliis lateribus parallelis a praecedentibus dignoscitur. Forma et nervatione, nec non dentibus minutis acutisque cum foliis oeningensibus omnino convenit. Folium 18 mill. latum, nervo medio valido, secundariis numerosis, angulo acuto egredientibus, valde curvatis, camptodromis, margine undique argute serrulatum.

MYRICEAE.

24. *Myrica vindobonensis* ETT. Tab. III. Fig. 4. 5.

M. foliis lanceolatis, utrinque attenuatis, remote inciso dentatis, dentibus acutis, nervis secundariis craspedodromis.

UNGER Fossile Flora von Kumi p. 22. Tab. IV. Fig. 29. 30. HEER Miocaene baltische Flora p. 32. Taf. VII. Fig. 4 10.

Neniltschik in argilla coeta.

Fig. 1. et 5. lapidem argillaceum ornant. Fig. 5. cum foliis minoribus Florae balticae et Kumiensis et Fig. 4. cum majoribus (Flora von Kumi Fig. 28- 30) congruit. Folia apice acuminata, grosse dentata, dentibus simplicibus vel denticulo ornatis, nervis secundariis angulo acuto egredientibus, craspedodromis, subramosis, ramis camptodromis.

25. *Myrica banksiaefolia* UNG. Tab. II. Fig. 11.

M. foliis firmis, coriaceis linearibus vel lanceolato-linearibus, undique arguto serratis, nervis secundariis approximatis, subrectis, simplicibus, parallelis, camptodromis. UNGER Gener. et spec. plant. foss. p. 395. HEER Flora fossil. baltica. p. 67. Tab. XVIII. Fig. 4.

Dryandroides banksiaefolia UNG. Flora von Sotzka p. 30. HEER Flora tert. Helv. II. p. 102.

Banksia Ungeri ETTINGH. Protoae. der Vorwelt p. 731. Flora von Haering p. 54.

Sinus Anglorum.

Apex folii deest, ceterum bene congruit cum M. banksiaefolia et quidem cum forma latifolia (cf. Flora tert. Helvet. II. Tab. 100. Fig. 6 et ETTINGSH. Flora von Haering Tab. 17. Fig. 8—10). Folium basin versus sensim attenuatum, medio lateribus parallelum, nervo medio valido, nervis secundariis subtilibus, numerosis camptodromis, margine basali integro, cetero dentato, dentibus remotis, antrorsum flexis.

Affinis Myricae californicae CHAM.

BETULACEAE.

26. *Alnus Kefersteinii* GOEPP. sp. Tab. III. Fig. 7. 8.

HEER Flora foss. arctica p. 146. 159. Flora baltica p. 33. 67. Tab. XIX. XX.

Neniltschik, argilla coeta.

A folio Coryli basi non emarginata, nervis secundariis basalibus aeque distantibus, dentibus omnibus subaequalibus dignoscitur. Folium subovatum, nervis secundariis, subparallelis inferioribus nervis tertiariis, craspedodromis ornatis (Fig. 7. 8).

Varietas nervis secundariis valde curvatis, basalibus approximatis, Tab. V. Fig. 9.

Nervorum directione convenit cum folio Spitzbergensi (Tab. XXXI. Fig. 4. Florae arcticae) et Vindobonensi (ETTINGSH. Wiener Flora Tab. I. Fig. 49) differt vero nervis secundariis infimis Coryli modo approximatis; ab Alno nostratum UNG. insuper nervis superioribus magis distantibus.

Clariss. FUHRMANN hoc folium adhuc dubium in sinu Anglorum collegit.

27. *Betula prisca* ETT. Tab. V. Fig. 3—6.

ETTINGSHAUSEN Fossile Flora v. Wien Tab. I. Fig. 17. von Bilin. Tab. XIV. 15. 16. HEER Flora foss. arctica p. 148. Tab. XXV. Fig. 20—25. XXVI. 1. b. c. Flora baltica p. 69. Tab. XVIII. Fig. 8—11.

Sinus Anglorum et Neniltschik in argilla cocta.

Folia Fig. 3, 6, optime conveniunt cum foliis Islandiae in flora mea arctica depictis, nec non cum foliis Sambiensibus, Bilinicis et Vindobonensibus. Folia petiolata, ovato-elliptica, inaequaliter inciso-serrata, nervis secundariis angulo acuto egredientibus. Iuxta folium Fig. 6, est bractea apice mutilata trilobata Betulae.

Variet. Fig. 4, 6, 5. Folia multo minora, nervis secundariis densioribus, argute serrulata. Folia juniora?

In Tab. III. Fig. 6, habemus fragmenta folii Betulae priscae et prope ea duo amenta matura, quae ad hanc speciem pertinere videntur. Sunt in argilla cocta, inde combusta, substantia eorum prorsum evanuit et nonnisi imago lapidi impressa remansit. Bracteae dense imbricatae, sed earum forma obsoleta. Longitudo amenti 24 millim., latitudo 12—14 millim.

Tab. V. Fig. 7, repraesentat duo alia amenta hujus loci (Neniltschik) in argilla non cocta, bracteis laxis, et pedunculo valido, elongato. Bracteae fere omnes sunt mutilatae, nonnullae vero trilobae, sed earum forma non potest accurate determinari.

28. *Betula grandifolia* Ett. Tab. V. Fig. 8.

B. foliis longe petiolatis, late ovato-ellipticis, acuminatis, inaequaliter serratis, nervis secundariis angulo acuto exeuntibus, apice ramosis.

Ettingshausen Foss. Flora von Bilin p. 47. Tab. XIV. Fig. 23, 24.

In sinu Anglorum.

Folium magnum, basi subrotundatum, apicem versus attenuatum et acuminatum; dentes, qui nervum secundarium excipiunt, ceteris majores, inde margo inaequaliter dentatus; nervi secundarii 8—15 millim. inter se remoti; nervi tertiarii angulo acuto, nervilli subtilissimi arcuum angulo recto egrediunt.

Speciei antecedenti nimis affinis, imprimis foliis majoribus petioloque longiore distinguitur.

Magnitudo et forma folii prorsus cum foliis Bilinicis convenit, sed dentibus majoribus paululum discrepat.

CUPULIFERAE.

29. *Carpinus grandis* Ung. Tab. II. Fig. 12.

Flora foss. arctica p. 103.

In sinu Anglorum.

Folium alaskanum accurate cum folio Bernensi, in Tab. LXXII. Fig. 8, Florae tertiariae Helvetiae depicto, convenit, margine duplicato argute dentato (magn. auct. Fig. 12, b,) nervis secundariis strictis, parallelis, simplicibus.

Carpino americanae nec non C. Betulo affinis.

30. *Corylus Mac Quarrii* Forb. sp. Tab. IV. Tab. III. Fig. 9.

Heer Flora foss. arctica p. 104.

Alnus pseudoglutinosa Goepp. Ueber die Tertiärflora der Polargegenden; Verhandl. der Schles. Gesellsch. 1861 p. 202.

In sinu Anglorum (Fig. 6. 7. 8.), Neniltschik (Fig. 1—4; et Tab. III. Fig. 9, in argilla coctá), Archipelagus Indianorum in insula Kuju, prope Sitka (Fig. 5).

Frequens in terra Alaskana; collectio FURUHJELMI continet folia plurima pulcherrima. Folium Fig. 5. depictum convenit cum folio Scotico (Arton Head, Flora arctica Tab. IX. Fig. 1.), folia Fig. 3. 4. cum foliis Gallicis et Groenlandicis (Flora arctica Tab. IX. Fig. 4. 8.), et folia Fig. 1. 2. cum foliis Islandicis et Groenlandicis (cf. Flora arctica Tab. IX. Fig. 2. XXVI. Fig. 1. a. 4. HEER Contributions to the fossil Flora of Northgreenland Tab. XLIV. Fig. 11. a.).

Folia basi emarginata, interdum profunde cordato-emarginata (cf. Tab. IV. Fig. 8.), apice acuminata, margine arguto et saepius subbobato-serrata, nervis secundariis infimis approximatis, ceteris inter se aeque distantibus; petiolus longiusculus (Fig. 2. 4.).

Tab. III. Fig. 9. b. c. amenta masculina Coryli repraesentare puto.

Var. Corylus M'Quarrii macrophylla HR. Flora arctica p. 105.

Fig. 6. et 7. repraesentant folia multo majora hujus speciei. Inveni eandem formam in Flora miocena Islandica, Groenlandica et Boreali-canadensi boreali (cf. Flora arctica Tab. IX. Fig. 3. XXII. 3. XXVI. 3.).

31. *Fagus Antipofi* Hr. Tab. V. Fig. 4. a. Tab. VII. Fig. 4—8. Tab. VIII. Fig. 1.

F. foliis membranaceis, breviter petiolatis, lanceolatis vel ovato-lanceolatis, apice acuminatis, integerrimis vel dentibus serrulatis; nervis secundariis angulo acuto egredientibus, utrinque 15—17. strictis, parallelis, alternis vel suboppositis, craspedodromis.

H. ABICH Beiträge zur Palaeontologie des asiatischen Russlands; Mémoires de l'Acad. des scienc. de St. Petersbourg. VII Tom. VI Ser. p. 572. Tab. VIII. Fig. 2.

Fagus pristina SAPORTA Flore de Manosque; Annal. des scienc. natur. 1867. p. 69. Tab. VI. Fig. 1—3.

In sinu Anglorum.

Distinguimus quinque formas:

a) foliis ovato-lanceolatis, integerrimis, obsolete undulatis. ABICH. l. c. Kirgisensteppe.
b) foliis lanceolatis, integerrimis vel obsolete undulatis. VII. Fig. 4. 6. 7. Sinus Anglorum. F. lancifolia Hr. Öfversigt af Kongl. Vetenskaps-Akademiens Förhandlingar. 1868, 1, p. 64.
c) foliis lanceolatis, serrulatis. Tab. VII. Fig. 5. 8. Tab. V. 4. a. F. lancifolia Hr. l. c. Sinus Anglorum.
d) foliis ovato-lanceolatis, serratis. F. pristina SAP. Manosque.
e) foliis ovato-lanceolatis, basi leviter emarginatis, integerrimis. F. emarginata HEER. Sinus Anglorum. Tab. VIII. Fig. 1.

Folia haec omnia conveniunt nervis secundariis numerosis, parallelis, strictis, craspedodromis, margine basi integerrimo, antrorsum interdum serrulato. Proxima

Fago americae (Fag. ferruginea Ait) et foliis integerrimis vel modo dentibus minoribus instructis aegre distincta.

Fagus attenuata Ludwig Palaeontogr. VIII. Tab. XXXVII. Fig. 1—5. (sed non Goepp.!) petiolo multo longiore, nervis secundariis paucioribus et magis inter se distantibus, curvulis a specie nostra distinguitur.

Tab. VII. Fig. 7 et V. 4, folia minuscula, lanceolata, apicem versus attenuata, acuminata, nervis secundariis oppositis, et alternis. Tab. VII. Fig. 4. Folium magnum, basi attenuatum, margine undulatum, nervis vero omnibus alternis, areae nervillis subtilibus ramosis, rete polygonum formantibus repletae. Tab. VII. Fig. . folium lanceolatum, apicem et basin versus aequaliter attenuatum, basi integerrimum, antice obsolete serrulatum; nervis secundariis alternis, in Fig. 5. vero oppositis.

Tab. VIII. Fig. 1. folium ovato-lanceolatum, basi rotundatum ad petioli insertionem leviter emarginatum. Hoc olim separavi (F. emarginata), sed observatio Comitis Saporta, qui in loco Manosque etiam folia basi attenuata et basi rotundata (Fig. 3. Tab. 6.) hujus speciei invenit, mihi persuadet ut has formas conjungam.

32. *Fagus macrophylla* Ung. Tab. VIII. Fig. 2.

Unger Fossile Flora von Gleichenberg p. 19. Tab. II. Fig. 10. Heer Flora foss. arct. p. 107. Tab. XLVI. Fig. 11.

In sinu Anglorum.

Folium maximum, longitudine 180 millim. et latitudine 102 millim. Hoc folium nomine, quo Cl. Ungerus folium hujus Fagi salutavit, magis adhuc dignum est, quam folium Austriacum, quod in Flora aequimontana (Gleichenbergensi) depinxit, quocum ceterum optime congruit.

Folium membranaceum integerrimum, basi apiceque attenuatum, nervis secundariis craspedodromis, strictis, parallelis, simplicissimis, inferioribus alternis, superioribus oppositis, 10—12 millim. inter se distantibus, utrinque 14. Areae nervillis ramosis, areolis polygonis.

33. *Fagus Feroniae* Ung. Tab. VI. Fig. 9.

F. foliis lanceolatis, acuminatis, inaequaliter dentatis; nervis secundariis 6—9, angulo acuto egredientibus, craspedodromis, apice interdum nervis tertiariis instructis.

Unger Chloris protogaea p. 106. Tab. 28. Fig. 3. 4. Ettingshausen Tert. Flora von Bilin p. 50. Tab. XV. Fig. 12—20. Tab. XVI. Fig. 1.

Sinus Anglorum.

Fig. 9 bene congruit cum foliis Bilinicis (cf. Ettingshausen l. c. Tab. XV. Fig. 14. 15.), minus cum foliis simpliciter dentatis Ungeri (Chloris l. c.).

Folium apice attenuatum, acuminatum, nervis secundariis erectis; margine inaequaliter dentatum, dentibus majoribus apice nervorum secundariorum, minoribus apice nervorum tertiariorum.

34. *Castanea Ungeri* Hr. Tab. VII, Fig. 1—3.

Heer Contributions to the fossil Flora of Northgreenland. Tab. XLV, Fig. 1—6.
XLVI, 8.

Fagus castaneaefolia Ung. Chloris protog. p. 104. Tab. XXVIII, Fig. 1. Heer
Flora foss. arctica p. 106. Tab. X. Fig. 8. Tab. XLVI. Fig. 4—6.

Sinus Anglorum; Insula Keku in Archipelago Indianorum?

Fig. 1. omnino congruit cum Tab. XLVI. Fig. 3, *a*. Florae arcticae. Folium oblongo-lanceolatum, basi apiceque attenuatum, margine simpliciter acuto-dentatum, nervis secundariis utrinque 16, strictis, parallelis, arcis pulchre subtiliter reticulatis. Folium in Fig. 2. depictum basi non attenuata subrotundata differt, sed nervatura dentibusque cum eo convenit. Folia intima Castaneae vescae sunt eodem modo basi rotundata, superiora vero angustata, hinc inde folium Fig. 2. basi, Fig. 1. vero apice ramuli affixum fuisse puto.

Fig. 3. folium maximum (longitudine circ. 180 millim. et latitudine 86 millim.) repraesentat, quod foliis Europaeis et Grönlandicis hucusque collectis est multo majus. Nervi secundarii oppositi vel suboppositi, utrinque 21, paralleli, stricti; areae nervillis areolisque polygonis ornatae (Fig. 3, *b*. magnit. auctae). Dentes acuti, mucronulati.

Ex insula Keku nonnisi fragmentum folii habemus, quod vero nervatura bene cum nostra specie convenit.

Flores et fructus hujus Castaneae descripsi in opusculo meo: Contributions l. c.

35. *Quercus pseudocastanea* Goepp. Tab. VI, Fig. 3—5.

Q. foliis oblongis, basi attenuatis, profunde lobatis, lobis elongatis, lanceolatis, apice acuminatis, sinubus profundis acutiusculis separatis, nervis secundariis angulo acuto egredientibus, craspedodromis.

Goeppert in Dunker et Meyer Palaeontogr. II. Tab. XXXV. Fig. 1. Massalongo Flora Senogall. Tab. 22. Fig. 6.

Sinus Anglorum.

Bene congruit cum figuris Goepperti et Massalongi, minus vero cum foliis Aequimontanis Ungeri (cf. Flora von Gleichenberg Tab. II. Fig. 7) et Pedemontanis Sismondae (cf. Matériaux pour servir à la Paléontologie du Piémont, p. 45. Tab. 15. Fig. 1. 2.). Folium basin versus sensim attenuatum (Fig. 3, 4.) et hic breviter lobatum, antice dilatatum et profunde lobatum, lobis elongatis, apice attenuatis, nervis secundariis remotis, angulo acuto egredientibus, in lobos excurrentibus.

Affinis Q. castaneae Willd. Americae borealis, sed foliis basi angustioribus dignoscitur.

36. *Quercus Furuhjelmi* Hr. Tab. V, Fig. 10. Tab. VI. Fig. 1. 2.

Q. foliis lanceolatis, basi attenuatis, petiolatis, profunde sinuato-dentatis, dentibus magnis, obtusiusculis, sinubus obtusis separatis.

Sinus Anglorum.

Collectio Furuhjelm continet tria folia. Folium pulcherrimum Tab. VI. Fig. 1. depictum longitudinem 180 millim. et latitudinem 68 millim. attingit. Petiolus crassiusculus, 11 millim. longus; folium basin versus attenuatum, sed lamina in petiolum non decurrente, margine sublobato-dentato, dentibus subaequalibus, simplicibus, nervum secundarium excipientibus. Nervus primarius validus, nervi secundarii 10—14 millim. inter se distantes, angulo semirecto egredientes, stricti, simplices alterni et per paria approximati; areae nervillis simplicibus et ramosis repletae; modo intimae nervis secundariis abbreviatis sunt praeditae.

Folium Fig. 2. est multo minus, sed praebet eandem formam.

Tab. V. Fig. 10. repraesentat fragmentum folii gigantei; longitudo ejus fuisse videtur 3 decim., latitudo 12 centim.; nervi secundarii 15—20 millim. inter se distant; ceterum dentium forma et dispositione omnino cum Tab. VI. Fig. 1. convenit.

Proxima inter viventes species est Quercus macrocarpa MICHX., quae vero foliis lobato-pinnatifidis vel lyratis distinguitur; proxima inter fossiles Q. Senogalliensis MASSALONGO (Flora Senogall. Tab. 22. Fig. 6. et Prodrom. flor. Senog. Tab. 1. Fig. 2.). Magnitudo et forma foliorum congruit, sed folia Alaskana sunt basi angustiora, apice minus producta, et lobi breviores.

37. *Quercus pandurata* HR. Tab. VI. Fig. 6.

Q. foliis oblongis, basi integerrimis, margine profunde sinuatis, nervis secundariis subtilissimis craspedodromis.

Sinus Anglorum.

Petiolus latiusculus, lamina folii oblonga, basi integerrima, margine sinuato-lobata, sinubus obtusis, lobis brevibus, foliis marginem non superantibus, nervi secundarii sparsi, nervilli obsoleti.

Q. bicolor paludum Americae folia similia praebet.

Ficus panduraeformis SISMONDA (Prodromus Florae foss. italic. p. 25. Tab. III. Fig. 12. et Matériaux p. 48) cum specie nostra loborum indole comparari potest, sed nervatione omnino discrepat.

38. *Quercus Chamissoni* HR. Tab. VI. Fig. 7. 8.

Q. foliis petiolatis, subcoriaceis, ovato-lanceolatis, profunde duplicato-dentatis, oligo-nerviis, nervis inferioribus camptodromis, superioribus craspedodromis.

Sinus Anglorum.

Folium petiolo 7 millim. longo praeditum, basi obtusiusculum, anterius sensim attenuatum, acuminatum, summa basi integerrimum, lateribus grosse dentatum, dentibus inferioribus duplicatis, superioribus simplicibus, omnibus acutis, antrorsum flexis. Nervi secundarii distantes, angulo acuto egredientes, basales arcubus magnis sequenti juncti; sequentes apice ramosi craspedodromi.

Determinatio quoad genus adhuc dubia. Ampelopsis et Negundo foliola similia, sed multo tenuiora, nullo modo coriacea habent.

In memoriam ADALBERTI CHAMISSONI botanici et poetae celeberrimi, qui has regiones boreales olim adiit, hanc speciem nominavi.

ULMACEAE.

39. *Ulmus plurinervia* UNG. Tab. V. Fig. 1.

U. foliis breviter petiolatis, ovato-lanceolatis, dentatis, nervis secundariis numerosis (14—16), subsimplicibus.

UNGER Chloris protog. p. 95, Tab. 25. Fig. 1—4. Flora von Gleichenberg p. 20, Tab. 1. Fig. 3. 4.

HEER Flora tert. Helv. II. p. 58. Tab. LXXIX. Fig. 4.

Sinus Anglorum.

Folium pulcherrimum, parvulum, basi subinaequale, melique simpliciter dentatum, dentibus aequalibus, acutis paulo antrorsum flexis; nervis secundariis utrinque 15—16, parallelis, strictis, craspedodromis, simplicibus, nonnisi inferioribus nervo tertiario instructis.

In omnibus partibus convenit cum foliis, quae in Flora mea tertiaria, in Chlori protogaea (Tab. 25. Fig. 4.) et in Palaeontographicis (VIII. Tab. 38. Fig. 1.) sunt depicta. Folia duplicato-dentata contra in Flora bilinica ETTINGSHAUSENI descripta (p. 63. Tab. XVIII. Fig. 12. 13.) non nostrae speciei, sed Ulmo Braunii HR. sunt adscribenda et Tab. 18. Fig. 15. quam ETTINGSHAUSEN Planerae inseruit, ad nostram speciem pertinet. Nervi secundarii Planerae sunt pauciores et arcis latioribus separati.

Longitudo folii Alaskani efficit 36 millim., latitudo 18 millim.

40. *Planera Ungeri* ETTINGSH. Tab. V. Fig. 2.

HEER Flora foss. arctic. p. 140.

Sinus Anglorum.

Basis folii deest, partes conservatae omnino cum Planera in Europae terris miocenis divulgata convenit; conferenda sunt imprimis folia Kumensia (UNGER Flora von Kumi Tab. IV. Fig. 16.), Oetingensia (Flora tert. Helv. II. Tab. LXXX. Fig. 11.) et Wetteraviae (Palaeontogr. VIII. Tab. XXXIX. Fig. 10.).

Folium majusculum, grosse dentatum, dentibus antrorsum flexis; nervi secundarii curvati, in dentes excurrentes.

ERICACEAE.

41. *Andromeda Grayana* HR. Tab. VIII. Fig. 5.

A. foliis subcoriaceis, lanceolatis, basi attenuatis, integerrimis, nervis secundariis angulo acuto egredientibus, valde camptodromis.

HEER Ueber einige fossile Pflanzen von Van Couver und Britisch Columbia. Neue Denkschriften. XXI. 1865. p. 7. Tab. I. Fig. 7—9.

Sinus Anglorum.

Folium basi attenuatum, apice fractum, nervo medio valido, nervis secundariis inferioribus margine fere parallelis, antrorsum flexis, valde camptodromis, arcis reticulatis. Folium, quantum ejus conservatum est, bene cum foliis in paeninsula Burrard (Columbia) inventis, convenit.

42. *Vaccinium Friesii* m. Tab. VIII. Fig. 4.

V. foliis membranaceis, petiolatis, elongato-oblongis, basi rotundatis, integerrimis, nervis secundariis subtilissimis, camptodromis.

Sinus Anglorum.

Folium parvulum, basi obtuse rotundatum, lateribus subparallelum, antice attenuatum, petiolo 3½ mill. longo, tenui, nervo medio validiusculo, nervis secundariis obsoletis, nonnisi lentis ope observandis.

Determinatio generis adhuc dubia.

EBENACEAE.

43. *Diospyros stenosepala* m. Tab. VIII. Fig. 7. 8.

D. foliis subcoriaceis, integerrimis, ovalibus, basi rotundatis, calyce fructifero quadripartito, lobis oblongis, apice rotundatis.

Sinus Anglorum.

Calyx fructiferus Diospyri, profunde 4-partitus, lobis coriaceis, oblongis, apice rotundatis, medio carinatis. Longitudo loborum 8 mill., latitudo 1 millim. (Fig. 7.)

Magnitudine et loborum numero cum Diospyro brachysepala convenit, sed lobis angustioribus longioribusque distinguitur.

Eodem loco Cl. Fraenkelm fragmentum folii invenit, quod huic generi adscribere possumus. Folium subcoriaceum ovale vel ovatum, basi rotundatum, integerrimum, nervis secundariis distantibus, valde curvatis, ramosis, inferioribus oppositis, areis reticulatis. (Fig. 8.)

Species nostra foliis firmis et nervis intimis oppositis cum D. lancifolia convenit, sed basi rotundata differt; hoc charactere cum D. ancipite congruit, sed natura firmiore, subcoriacea dignoscitur.

44. *Diospyros lancifolia* LESQ. Tab. III. Fig. 12.

D. foliis longe-petiolatis, ellipticis, utrinque attenuatis, subcoriaceis, integerrimis, nervo medio valido, nervis secundariis subtilibus, inferioribus oppositis, omnibus valde curvatis, camptodromis, margine approximatis, areis nervillis transversis ramosis reticulatis.

HEER Fossile Pflanzen von Van Couver und Britisch Columbien. Denkschriften 1865. p. 8. Tab. I. Fig. 10–12. Tab. II. Fig. 1—3.

Neniltschik terra cocta.

Forma et nervis secundariis intimis omnino cum foliis in Columbia repertis congruit (cf. l. c. Fig. 1. 2.), sed nervis secundariis magis approximatis et petiolo longiore paululum differt.

Folium basi in petiolum 14 mill. longum attenuatum, apice acuminatum. Nervi secundarii utrinque 14–15, subtiles, valde arcuati, arcubus margine approximatis, subflexuosis.

CAPRIFOLIACEAE.

45. *Viburnum Nordenskiöldi* m. Tab. III. Fig. 13.

V. foliis basi cordato-emarginatis, obsolete crenatis, punctatis, nervis secundariis apice ramosis, craspedodromis.

Xenilt-chik in argilla cocta.

Folium apice mutilatum, margine obsolete dentatum, dentibus subaequalibus, obtusiusculis, nervis secundariis curvatis, apice subdichotome ramosis, ramis angulo patente egredientibus; nervillis simplicibus vel furcatis, subparallelis, areolis subtilissime ruguloso-punctatis. (Fig. 13, b, magn. auct.) Folium fortasse erat pilosum et puncta forte insertionem pilorum indicant.

ARALIACEAE.

46. *Hedera auriculata* m. Tab. IX. Fig. 6.

H. foliis breviter ovato-rotundatis, margine auriculatis, subquinquenerviis.

Sinus Anglorum.

Folium basi apiceque rotundatum, integerrimum, sed supra basin utrinque auriculatum; nervi primarii 5, duo basales subtilissimi, abbreviati, tres fortiores, valde curvati, utrinque ramosi, ramis arcubus conjunctis; areae nervillis flexuosis, rete polygonum formantibus repletae.

Affinis Hederae M'Clurii, quae vero nervis primariis 5—7, fortioribus est praedita. Etiam Araliae nonnullae nec non Menisperma (e. gr. M. canadense L.) foliis similibus sunt ornata.

AMPELIDEAE.

47. *Vitis crenata* m. Tab. VIII. Fig. 6.

V. foliis cordatis, basi emarginatis, repando- crenato-dentatis, indivisis.

Sinus Anglorum.

Folium magnum cujus apex vero deest et petiolus longus modo impressione obsoleta indicatus. Est basi profunde emarginatum, lateribus rotundatum, sinuato-dentatum. Dentes remoti, sinubus latis, non profundis separati, obtusiusculi. Nervi primarii 7, duo basales, breves, subtilissimi, in dentem secundum excurrentes, duo sequentes longiores et fortiores, nervis secundariis tribus instructi; adhuc fortiores sunt duo nervi primarii interni, quorum quisque tres nervos secundarios, dentes attingentes, emittit; nervus medianus, apice folii deficiente, abbreviatus, utrinque nervis tribus secundariis valde distantibus instructus. Areae nervillis subtilibus ramosis et reticulatis impletae.

Affinis Vitibus grönlandicis, sed dentibus obtusioribus dignoscitur.

TILIACEAE.

48. *Tilia alaskana* m. Tab. X. Fig. 2. 3.

Sinus Anglorum.

49. *Acer macropterum* HR. Tab. IX. Fig. 7—9.

A. fructibus magnis, nucula oblonga, ala basi contracta, nervis dichotomis, subhorizontalibus; foliis lobatis, lobis integerrimis.

Cl. FORCHHAMMER fructus plures Aceris permagnos, sed mutilatos in Sinu Anglorum collegit (Fig. 8. 9.). Specimen unicum (Fig. 9.) basin fructus continet; nucleus 20 fere mill. longus, 11 mill. latus, ovatus, ala lanceolata (?), basi contracta, nervis confertis, ramosis, valde curvatis et fere horizontalibus percursa. Totus fructus 66 mill. circiter fuisse videtur.

Eodem loco collecta sunt fragmenta foliorum Aceris, quae cum his fructibus possumus componere. Folia lobata (3—5? lobata) lobis integerrimis (Fig. 7).

Magnitudine et forma fructuum ad Acer islandicum (A. otopterix GOEPP.) accedit, sed alarum nervis fere horizontalibus, nec non foliorum lobis integerrimis differt.

CELASTRINEAE.

50. *Celastrus borealis* m. Tab. X. Fig. 4.

C. foliis magnis, membranaceis, ovato-ellipticis, serrulatis, nervis secundariis distantibus, furcatis, camptodromis.

Sinus Anglorum in lapide arenaceo.

Folium magnum, basi vero mutilatum, margine serrulata, dentibus parvulis, acutiusculis; nervo primario apicem versus valde debilitato; nervis secundariis arcuatis, ramosis, arcubus magnis conjunctis.

Folium quod ad genus attinet adhuc dubium. Affine videtur Celastro scandentifolio O. WEB. (Palaeontogr. II. p. 201. Tab. 22. Fig. 10. a.) Sed dentibus multo minoribus, et nervis secundariis furcatis distinguitur.

ILICINEAE.

51. *Ilex insignis* m. Tab. X. Fig. 1.

I. foliis coriaceis, elliptico-lanceolatis, antice attenuatis, argute spinuloso-denticulatis; venis secundariis subtilibus, valde camptodromis.

Sinus Anglorum.

Folium magnum, coriaceum, nitidum, antrorsum attenuatum, acuminatum, margine denticulato, dentibus peracutis, subspinulosis (Fig. 1. b. magnit. auct.). Nervus medianus validus, usque ad folii apicem; nervi secundarii subtilissimi, arcuati, arcubus magnis conjuncti; areae nervis secundariis abbreviatis nervillisque ramosis repletae.

Affinis L. castaneaefoliae, sed foliis similia etiam alia genera, e. gr. Celastrus, Evonymus (E. fimbriatus) et Quercus (Q. microdonta GOEPP. et Q. venosa GOEPP.) praebent; determinatio inde quod attinet ad genus adhuc dubia.

HALORAGEAE.

52. *Trapa borealis* m. Tab. VIII. Fig. 9—14.

Tr. nucibus bicornibus, cornubus strictis, spinosis.

Vulgaris in lapidibus marinosis sinus Anglorum et saepius fructus complures in eodem lapide.

Fructus 23—33 millim. longus, basi angustatus, longitudinaliter striatus, medio ampliatus, spinis duabus, praelongis, divergentibus, acutissimis praeditus, apice longe exserto, sensim angustato. (Fig. 9. 11. 12.)

Fructus Trapae Europaeae incolentis (Tr. natans L.), est quadrispinosa, Traparum asiaticarum vero bispinosa. Proxima species Trapa bispinosa ROXB., esse videtur, quae etiam spinis duabus peracutis armata est. Haec Indiam nec non Japoniam (cum Tr. incisa SIEB. et ZUCC.) incolit.

Folia natantia Trapae desunt, sed fructus saepius circumdant plantarum fragmenta linearia, quae fortasse e foliis submersis radicibusque orta sunt. (Fig. 13.)

JUGLANDEAE.

53. *Juglans acuminata* A. BRAUN. Tab. IX. Fig. 1.

HEER Flora foss. arctica p. 121. Tab. VII. Fig. 9. Tab. XII. Fig. 1. b. Tab. XLIX. Fig. 7. Contributions to the foss. Flora of Northgreenland. Tab. LIV. Fig. 5. 6. Duo folia in eodem lapide arenaceo. Sinus Anglorum.

Folium Fig. 1. a. depictum lanceolatum, basi attenuatum, petiolatum, integerrimum, nervis secundariis numerosis, arcuatis, camptodromis. Est verisimiliter foliolum terminale folii pinnati; Fig. 1. b. vero foliolum laterale.

54. *Juglans sigilla* m. Tab. IX. Fig. 2—4.

J. foliis pinnatis, foliolis ovato-lanceolatis, lateralibus basi valde inaequalibus, apice attenuatis, acute serratis; nervis secundariis numerosis, valde curvatis, nervillis angulo recto egredientibus, subparallelis plerumque simplicibus.

In sinu Anglorum non rara.

Species nostra J. bilinicae simillima, sed dentibus majoribus et nervillorum indole distinguitur. Nervilli J. bilinicae sunt valde ramosi et rete complicatum efficiunt. Etiam J. Woodianae HR. (Pflanzen von Van Couver und Britisch Columbien p. 9. Tab. II. Fig. 4—7) valde affinis et olim cum hac specie a me confusa est (Öfversigt af Kgl. Vetenskaps-Akademiens Förhandlingar 1868. p. 65), sed foliis angustioribus, argute serratis et nervillis magis parallelis distingui potest.

Proxima species nostrae aetatis est Juglans nigra L., quae revera vix et nonnisi dentibus paulo minoribus et minus acutis dignoscitur.

Tab. IX. Fig. 4. pinna elongata, lanceolata, antrorsum angustata, argute serrata, dentibus extrorsum flexis, acutissimis; nervis secundariis valde curvatis, margine approximatis, camptodromis; areis nervillis simplicibus, interdum furcatis, valde conspicuis.

Fig. 3. Foliolum laterale, arcuatum, lanceolatum, basi rotundatum.

Fig. 2. foliola duo lateralia in eodem lapide. Fig. 2. *a*. Foliolum basi valde inaequilaterale, obtusum, margine argute serratum; Fig. 2. *b*. apice jam dum vivebat mutilatum et hinc rotundatum esse videtur.

55. *Juglans (Carya) picroides* m. Tab. IX. Fig. 5.

J. foliolis ovato-ellipticis, apice attenuatis, acuminatis, denticulatis, nervis secundariis valde curvatis, areis reticulatis.

Sinus Anglorum.

Foliolum optime conservatum in apicem longiusculum, acutum attenuatum, margine denticulatum, dentibus appressis; nervo medio valido, nervis secundariis valde curvatis, camptodromis, nervillis angulo recto egredientibus, furcatis vel ramosis, ramis simplicibus.

J. amarae affinis.

ROSACEAE.

56. *Spiraea Andersoni* m. Tab. VIII. Fig. 3.

Sp. foliis oblongis, inaequaliter serratis, nervis secundariis angulo acuto egredientibus, distantibus, ramosis, camptodromis.

Sinus Anglorum.

Folium apice mutilatum, serratum; dentibus mediis majoribus duplicibus (Fig. 3. *b*. auct.), ceteris simplicibus; nervo medio debili, nervis secundariis valde distantibus, camptodromis, superioribus furcatis, inferioribus externe ramosis.

Sp. tomentosae L. Americae borealis affinis, sed dentibus minoribus dignoscitur.

ANIMALIA.

I. INSECTA.

1. *Chrysomelites alaskanus* m. Tab. X. Fig. 6. magnit. auct. 6. *b*.

Chr. elytris valde convexis, $13^1/_2$ millim. longis, laeviusculis.

Sinus Anglorum.

Elytron basi truncatum, apice acutiusculum, margine exteriore rotundatum, valde convexum, glabriusculum, nonnisi punctis nonnullis obsoletis, sine ordine dispositis obsitum. Longitudo $13^1/_2$ mill., latitudo 8 mill.

Elytra rotundata, valde convexa Chrysomelarum, sed vix accuratius determinari potest.

II. MOLLUSCA; descripsit Cl. Dr. Carolus Mayer.

1. *Unio onariotis* May. Tab. X. Fig. 8.

U. testa laevi, vel postice obscure pauci-plicata, transversa, elongata, crassiuscula, valde compressa, lateribus complanata, ab umbone ad angulum posticum anguste et indistincte fasciata, valde inaequilaterali; latere antico brevi, rotundato, medio subangulato; postico praelongo, acuto acuminato, subacuto; cardinale fere recto, palliari parallelo, leviter sinuato; striis incrementi validis, medio subrugiformibus; umbone corroso; dente cardinali antico obliquo; ligamento crasso, elongato, recto. — Long. 82, lat. 31 millim.

In sinu Anglorum.

Nullus inter Tertiarios Unio cum hac specie similitudinem quandam habere videtur. Solus *Unio atavus* Partsch (Hoernes, Foss. Mollusk. Wien, 2, Tab. 57. Fig. 2.) e stratis Vindobonensibus mio-pliocenicis ("Messinien" dictis) affinitatem formae remotam, praesertim lateris postici ostendit, sed illa species crassitudine et umbonibus tumidis discrepat. Difficilius est inter prodigiosum Unionum viventium numerum, ex omnibus terrae regionibus, illas species quaerere, quae cum hac ad unam et eandem sectionem pertinent. Attamen perraras existere et has fortasse omnes Americam septentrionalem habitare puto. Harum nunc quinque percipio, quibuscum Unionem nostrum fossilem comparare conveniat, quae sunt: U. Fischeri, nasutulus, naviculiformis, perlatus et rostriformis, omnes a Clar. Lea, Philadelphiensi, descriptae. Primus rostrum brevius, carinam latiorem, sed sinum non habet; secundus multo minor, paulo latior, nec sinuatus est; tertius et quartus differunt magnitudine minore et statura angustiore; U. rostriformis, contrario, forma subtus latiore, sinu deficiente et planitie laterali majore discrepat.

Specimina complura adsunt, sed unicum modo bene conservatum est.

2. *Unio (Anodonta?) athlios* May. Tab. X. Fig. 7.

U. (A.) testa ovato-transversa, compressa, latere postico angulo obtusissimo separato, valde inaequilaterali, laevigata vel striis incrementi tenuissimis, subregularibus, rugisque concentricis nonnullis ornata; latere antico rotundato; postico longiore, semielliptico, extremitate superne oblique subtruncato, obtuse biangulato; cardinali et palliari late arcuatis. Long. 38, lat. 24 millim.

Xeniltschik.

Ejusmodi speciei status est, ut vix describi possit. Forma autem satis peculiaris, et magnitudo inter Anodontas plus quam mediocris aliquam dant ansam ad eam distinguendam et describendam. Ceterum, an Anodonta vera sit, paullo dubiosum est, et tam speciem e sectione Unionis complanati, testa fortasse tenuiori, quam Anodontam constituere posset.

3. *Paludina abavia* May. Tab. X. Fig. 13.

P. testa ovata, cornea, laevi vel striis incrementi tenuibus, densis, inferne pliciformibus, ornata; spira longiuscula, acutiuscula; anfractibus circiter quinque, satis velociter increscentibus; sutura profunda lataque separatis, hinc convexis, medio vero subplanis; ultimo majusculo, dimidiam testae partem longitudine efformante, interne attenuato, subrostrato. Long. 10, lat. 5½ millim.

In sinu Anglorum.

Haec Paludina pusilla P. excisae, Say, e regione Saratogensi Americae septentrionalis affinis videtur; quartam vero partem hujus speciei magnitudine modo attingit. De reliquo in omnibus cum illa congruit, si non striae incrementi perpaulo fortiores et densiores notatae sunt.

4. *Melania Furuhjelmi* May. Tab. X. Fig. 10, 11. restaurata Fig. 12.

M. testa elongato-turrita; spira praelonga, subulata; anfractibus minimum duodecim, tardissime increscentibus, altis et angustis, sutura profunda, canaliculata, separatis, distinctissimis, medio plano-convexis, striis incrementi validis sed irregularibus, inferne autem sulculis spiralibus paucis, distantibus, medio evanescentibus, ornatis; ultimo anfractu paulo majore, convexo, superne subcarinato, medio quadrisulcato, inferne attenuato, striis spiralibus inaequalibus instructo; apertura ovato-rotundata. Long. circ. 70, lat. circ. 12 millim.

In sinu Anglorum.

Nonnullas vidi in collectione clar. Moussoxii Melanias, ad sectionem *Melaniae atrae* ex insulis Oceani pacifici pertinentes, quibuscum species fossilis comparari potest. Ab omnibus tamen distinguenda est ob formam proceriorem, anfractus dissolutos et sulcorum ordinem. Status ejus externum imperfectus est, et crassitudinem anfractuum normalem judicare non permittit.

Fig. 1. 2. Populus glandulifera 3. P. balsamoides 4. P. latior 5. P. Zaddachi 6. P. leucophylla 7. Liquidambar europaeum 8. Salix varians 9. Salix macrophylla 10. S. Lavateri 11. Myrica banksiaefolia 12. Carpinus grandis

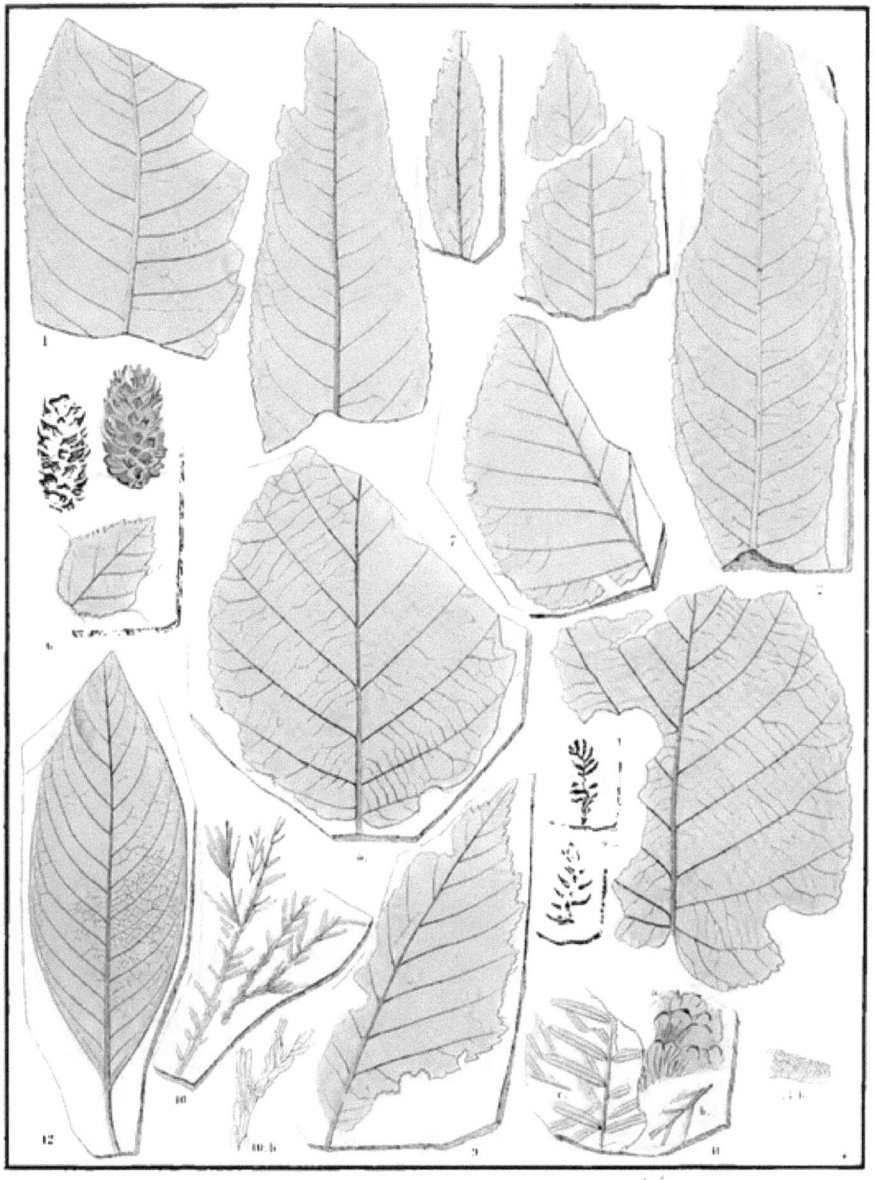

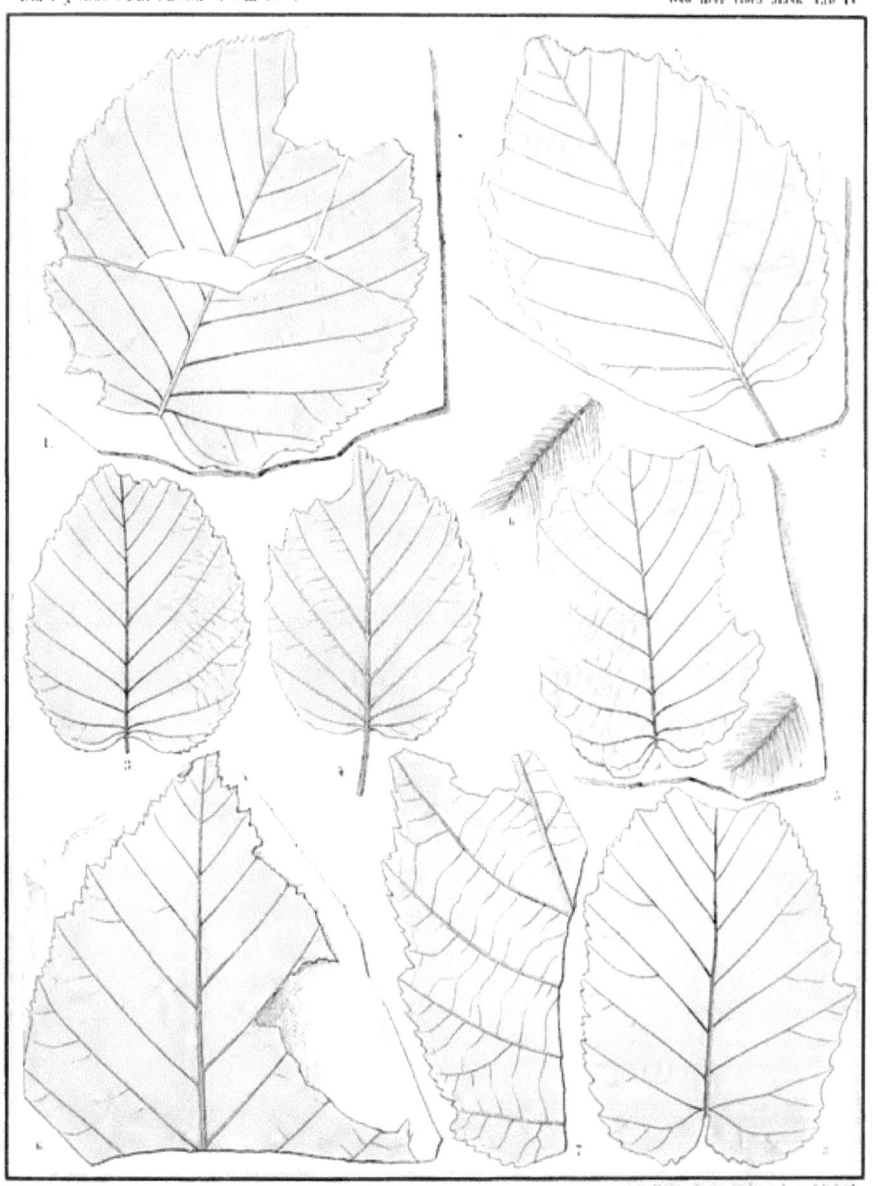

Corylus Mac Quarrii

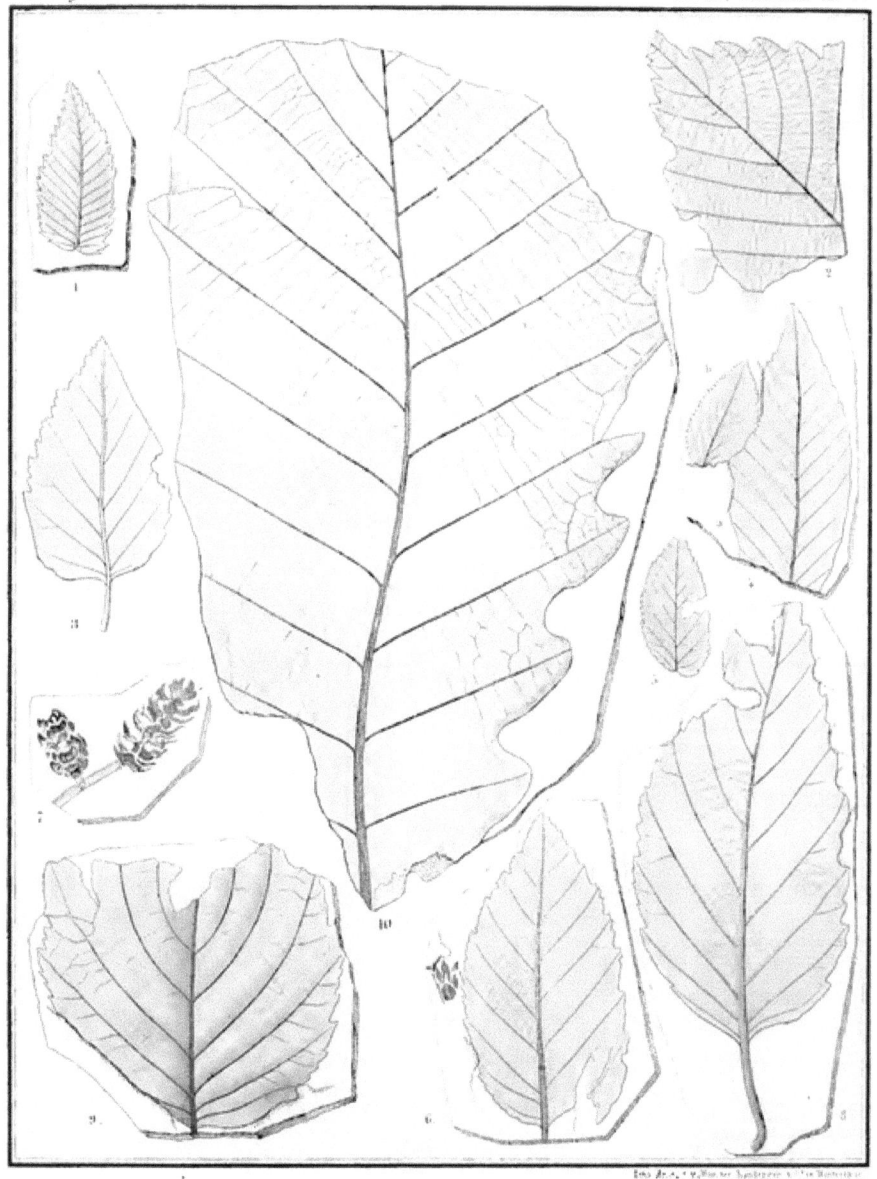

Fig. 1. Ulmus plurinervis 2. Planera Ungeri 3, 7 Betula prisca 5 Betula grandifolia 9 Alnus Kefersteinii var. 10 Quercus Furchjelmi

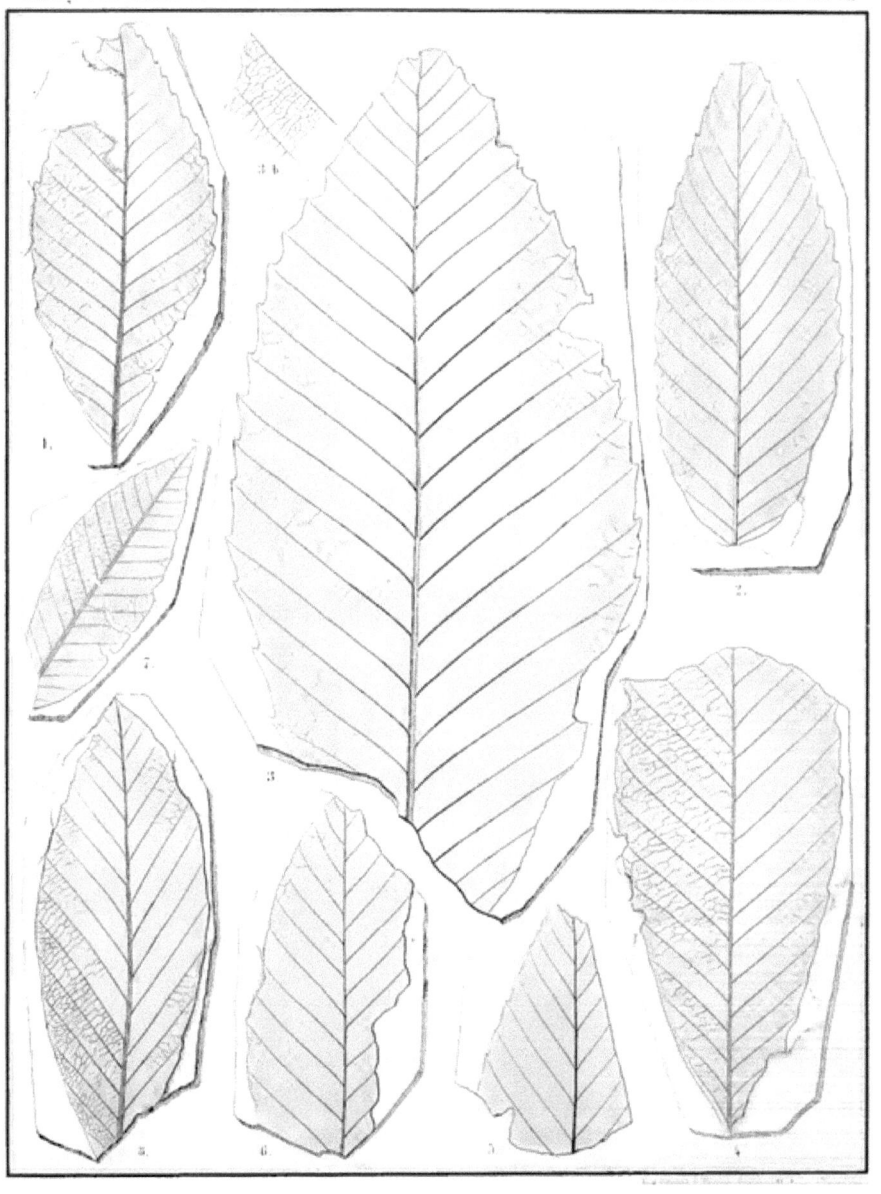

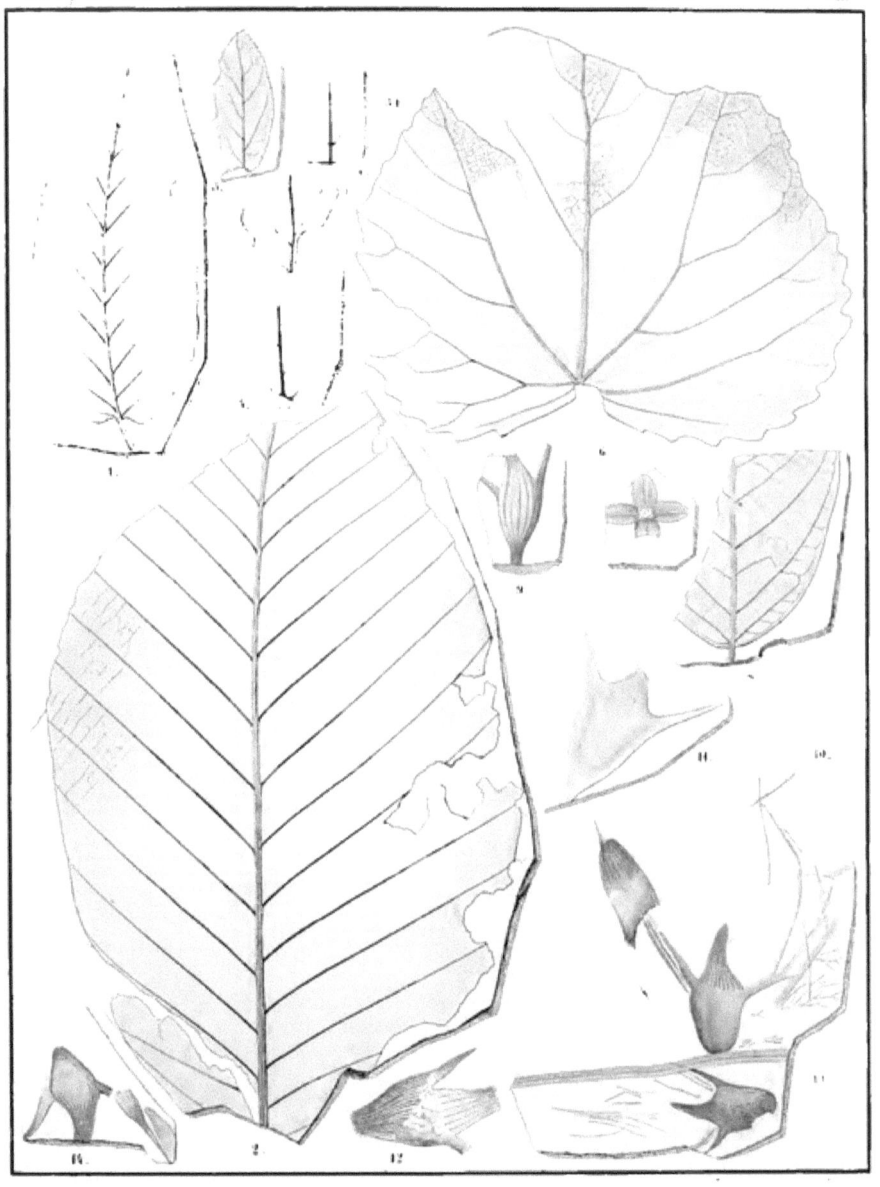

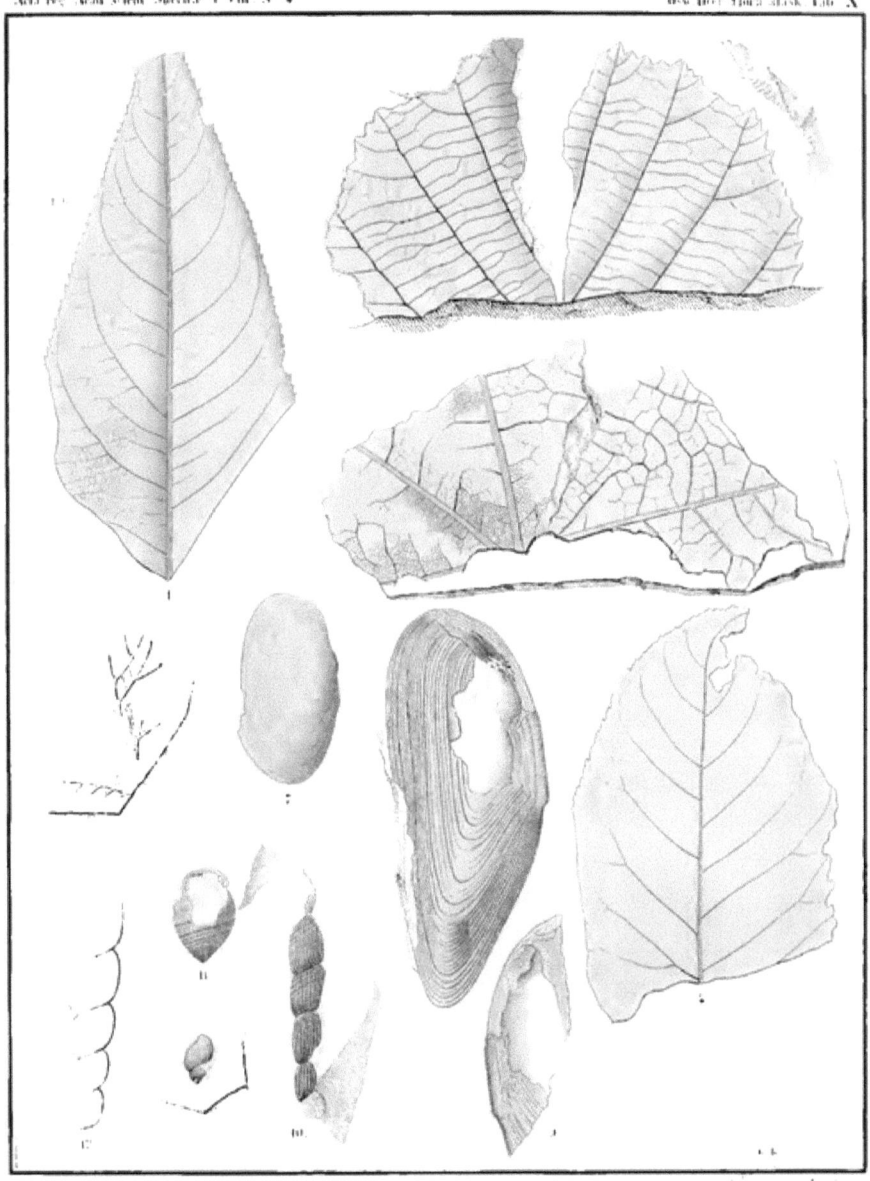